SEGLERS TRICKKISTE

SEGLERS TRICKKISTE

TIPPS UND TRICKS FÜR SEGLER

MareTeam
International

Text und Redaktion: Klaus Bartels
Zeichnungen: Ann-Christin Urbarz
Gestaltung: Ursula Duscha
Satz: @d-cetera
Titelgestaltung: Lee Ramsden
Druck und Bindung: Cayfosa-Quebecor
Printed in Spain

1. Auflage September 1999
2. Auflage November 2001
ISBN 3-934919-01-6

INHALT

VORWORT

Segeln, zumal das Fahrtensegeln, ist mehr als ein Hobby. Es hat etwas Emotionales und ist zugleich faszinierend. Fahrtensegler sollten etwas von Aerodynamik verstehen, müssen sich mit der Elektrik auskennen, sollten wissen, wie ein Motor arbeitet und sie sollten auch ein wenig Hobbymeteorologe sein. Darüber hinaus müssen sie das Handwerk eines Navigators beherrschen, und sie dürfen natürlich nicht zwei linke Hände haben, um kleine Bootsreparaturen selbst ausführen zu können.

Kein Wunder, daß in der Regel mehrere Jahre vergehen, bis ein Segler sein Boot richtig beherrscht. Übung macht ganz besonders beim Umgang mit dem Boot den Meister.

In der „Meisterklasse" segeln aber sehr viele erfahrene Fahrtensegler, wie man unschwer feststellen kann, wenn man mit ihnen seit Jahrzehnten zu tun hat. Ihnen fallen an Bord allerhand Tricks ein, die die Handhabung des Bootes erleichtert. Viele der Tipps sind in diesem Buch per Skizze dargestellt und werden erklärt. Es sind in der Regel Tipps und Tricks, die in keinem Lehrbuch stehen, die aber vor allen Dingen Seglern nützen, die bisher noch nicht auf eine lange Borderfahrung zurückblicken können. Aber, da Fahrtensegler eigentlich nie auslernen, finden auch alte Salzbuckel mit Sicherheit einiges in diesem Buch, was sie bisher noch nicht wußten.

Immer mehr Eigner entdecken die Freiheit, zu ankern. Nicht nur, daß sie damit dem oftmals stressigen abendlichen Wettlauf um einen Hafenliegeplatz entgehen, sie liegen vor Anker sozusagen auch am Busen der Natur. Und die Natur suchen wir ja auf unseren Törns alle. Welche Anker am besten halten und wie ein Ankermanöver gefahren wird, steht in fast jedem Lehrbuch. Übung macht auch hier den Meister. Segler, die häufig ankern, haben sich einige Tricks ausgedacht, die alle sehr hilfreich sind.

Einfach ankern ohne Ankerbeschlag und Ankerwinsch

Die Rolle am Bug und eine Ankerwinsch vereinfachen jedes Ankermanöver. Zumal, wenn sich der Anker tief eingegraben hat und nur schwer auszubrechen ist. Auf Booten ohne diese Ankerhilfe gibt es eine einfache Ersatzlösung. Dafür benötigt man eine kurze Leine und einen sogenannten Snatch-Block (aufklappbarer Block). Der Block an der Leine wird auf der Bugklampe belegt, so, daß er frei über dem Süll – etwa 30 Zentimeter von Deck entfernt an der Bordwand hängt. Jetzt wird die Ankerleine durch den Block geführt und nach achtern zur Schotwinsch geleitet. Der Block und die Schotwinsch übernehmen die Aufgaben von Ankerrolle und Ankerwinsch. Durch größere Snatch-Blöcke kann sogar die Ankerkette geführt werden. Sie sollte allerdings nicht über die Schotwinsch gedreht werden. In der Regel ist der Kettenvorlauf so kurz, daß der Anker frei kommt, bevor die Kette die Winsch erreicht hat.

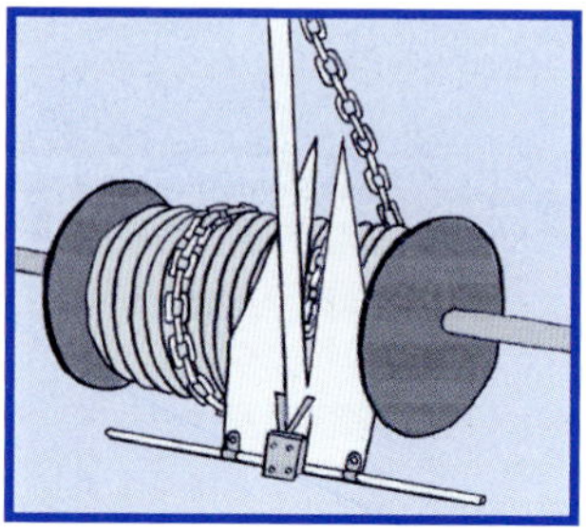

Ankern mit kleinen Jachten leicht gemacht, auf denen Ankerrolle und spezielle Winsch fehlen. Eine gebrauchte Tauwerksrolle aus Kunststoff – sie gibt es fast immer gratis beim Zubehörhändler – verhindert von vornherein beim Ankermanöver ein Wuling der Ankerkette und -leine. Die auf einem Stahlrohr gesteckte Rolle wird vor jedem Ankermanöver am Bugkorb fixiert. Es reicht, sie mit Gummizeisigen festzulaschen, da die Ankerrolle keinem Zug ausgesetzt ist. Belegt werden muß die Ankerleine natürlich auf einer Klampe. Auf größeren Jachten kann die Rolle für den Heckanker eingesetzt werden. Positiver Nebeneffekt: Die Ankerleine auf der Rolle ist gut zu verstauen und viel einfacher zu tragen als eine aufgeschossene Ankerleine mit Kettenvorlauf.

Auf vielen Jachten wird der Buganker im Bedarfsfall auch als Heckanker genutzt. Auf Booten mit einem modernen Jachtheck kann die Ankerkette leicht das Gelcoat beschädigen. Wer das von vornherein verhindern will, verstaut die Ankerkette in einem Eimer, der mit einer kräftigen Leine versehen zusammen mit dem Anker außenbords unter Wasser gehängt wird. Wenn jetzt der Anker fällt, rauscht die Kette sauber aus dem Eimer heraus, ohne die Rumpffarbe beschädigen zu können. Es ist auch leichter, Anker und Ankerkette in einem Eimer vom Bug zum Heck zu transportieren.

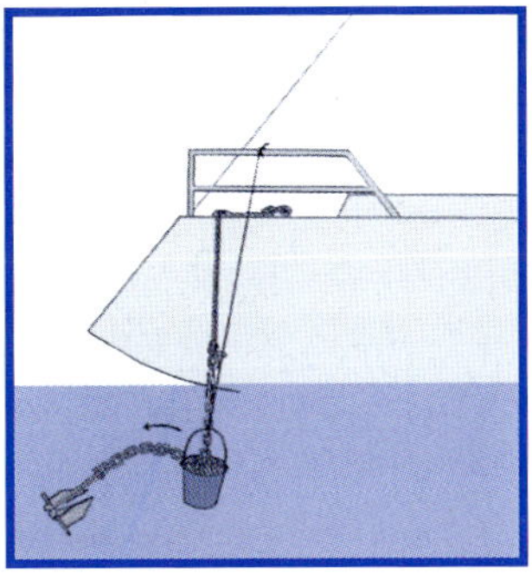

Eine weitere Möglichkeit, Gelcoatschäden durch ein Ankermanöver am Heck zu vermeiden, ist der Anbau von zwei Ankerrollen. Eine der bruchfesten Kunststoffankerrollen (sie gibt es bei Ausrüstern), wird an dem oberen Heckkorb montiert. Die zweite Rolle findet – ausgerichtet auf die erste – ihren Platz auf der hochgeklappten Badeleiter.

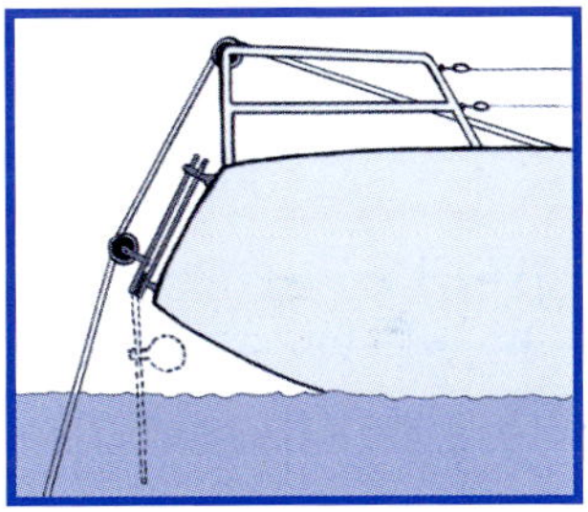

Leine und Kette werden so vom empfindlichen Gelcoat ferngehalten.

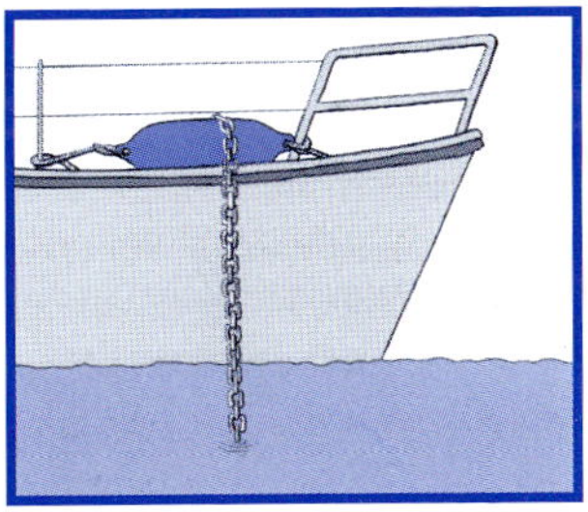

Gelcoatschutz vor der Ankerkette für kleine Boote: Man bindet einen Langfender stramm zwischen Bugkorb und Relingstütze fest. Anstatt über die Süllkante gleitet jetzt die Kette über den Fender. Das Gelcoat schützen kann man durch eine Gummifußmatte (Autozubehör). Sie muß durch Bändsel gesichert werden.

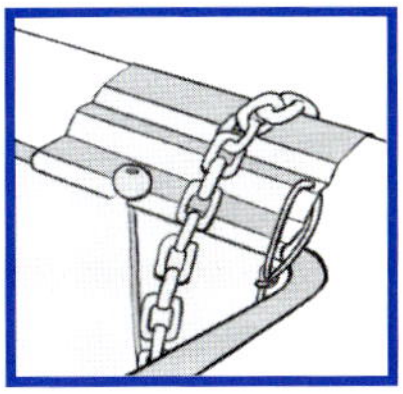

Maß nehmen

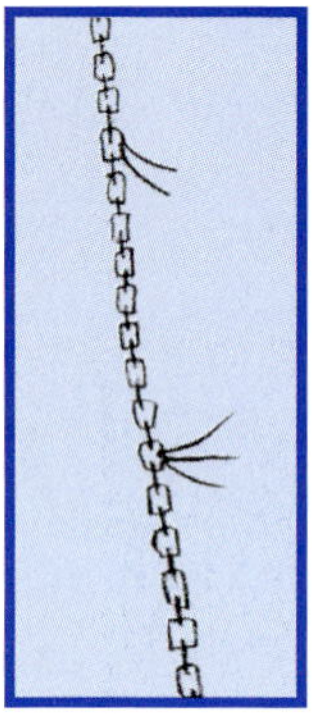

Es ist immer wichtig, bei Ankermanövern zu wissen, wieviel Kette man gesteckt hat. Einige Eigner markieren deshalb Kettenglieder mit Farbe. In der Praxis hat sich allerdings erwiesen, daß auch die beste Ölfarbe schnell abblättert.

Eine haltbarere Lösung ist die Markierung mit kleinen Bändseln einer dünnen, weißen Kunststoffleine. Beispiele: nach drei Metern ein Bändsel, nach sechs Metern zwei, nach neun drei u.s.w. Vorteil: Auch bei Ankermanövern im Dämmerlicht, wenn man Farbmarkierungen nicht mehr sehen kann, sind die weißen Bändsel fast immer noch auszumachen, und man kann sie sogar fühlen.

Ankerruhe

Eine durchgehende Ankerkette ist besser als eine Leine mit Kettenvorlauf. Allerdings hat die Kette auch Nachteile, wenn es um die Nachtruhe im Vorschiff geht: Eine in der Ankerrolle liegende Kette lärmt. Die Lösung des Problems ist eine kurze Leine mit einem Haken. Sie wird auf der Klampe belegt und entlastet die Kette. Eine noch bessere Lösung ist, die Leine mit einem Gummi-Ruckfender zu versehen. Dann wird das Einrucken in den Anker bei auffrischenden Winden reduziert. Die Nachtruhe an Bord wird entsprechend besser ausfallen.

Ankeralarm

In der Berufsschiffahrt gibt es Ankerwachen. Auf Jachten ist die Crew meistens zu klein dafür, und es hat auch kaum jemand Lust, in ruhigen Nächten Wachstunden abzusitzen. Ankeralarm kann man heutzutage auf vielen GPS-Geräten und über Radar eingeben oder mit Hilfe des Echolots auslösen lassen.
Einfache mechanische Ankerwachen sind in der Regel jedoch viel zuverlässiger. Wer beispielsweise zwei bis drei Meter Ankerkette in einer Bucht aufs Vorschiff legt und zwei Kettenglieder mit einem Bändsel so verbindet, daß die Bucht durch den Anker nicht belastet wird, hat die wohl simpelste Ankerwache installiert. Wenn jetzt der Zug auf den Anker so groß wird, daß das Bändsel reißt, rauscht die Kettenbucht lautstark aus und wird mindestens die Schläfer im Vorschiff wecken.

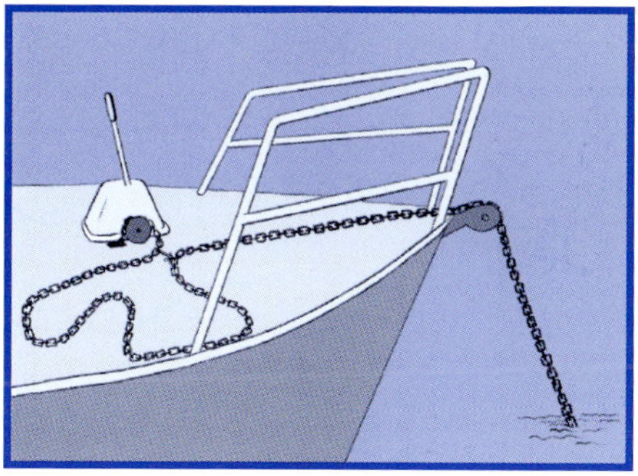

Auch der tiefste Schläfer wird durch eine Ankerwache geweckt, die aus einer Leine, einem Gewicht (Handlog oder Klappdraggen des Beibootes) und einer Kunstoffpütz besteht. Leine und Gewicht benutzt man sozusagen als Anker für die Pütz. Sie findet ihren Platz auf dem Kajütdach. Fängt jetzt der Anker an zu slippen, kommt die Leine des Pützankers steif und wird dafür sorgen, daß der Eimer mit lautem Getöse ins Cockpit fällt. Man sollte übrigens keinen Metalleimer für diese Art der Ankerwache benutzen, denn die Metallkanten können Riefen in Farbe, Holz und Kunststoff schlagen.

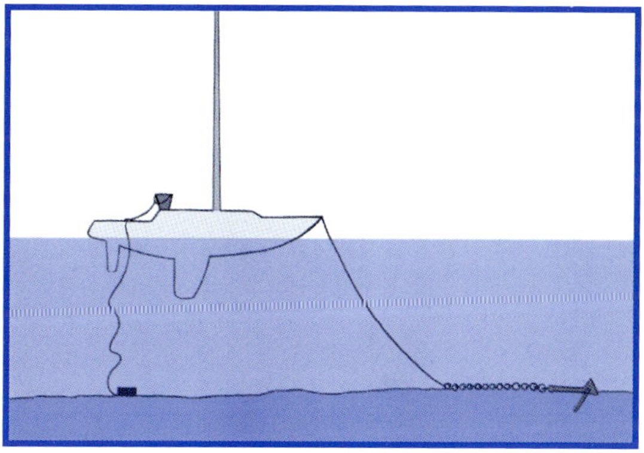

Angler unter den Seglern haben eine elegantere Lösung ersonnen. Sie benutzen als Ankerwache ein handelsübliches elektronisches Angel-Alarmgerät. Der Alarmgeber, eigentlich erfunden um Krach zu machen, wenn ein dicker Fisch an der Leine ist, wird im Bedarfsfall am Bugkorb montiert. Eine dünne Leine des ausgeworfenen Handlogs am Sensor befestigt, sorgt für lautstarken Alarm, wenn der Anker slipt. Benutzen kann man das Gerät aus dem Angel-Shop auch als Alarmanlage. Der Sensor wird einfach mit einer dünnen Angelschnur gekoppelt, die man über das Vor- oder das Achterschiff spannt. Jedenfalls dort, wo die ungebetenen Besucher vom Steg her aufs Schiff steigen können. Stolpern sie über die Sehne, wird der "Fischalarm" ausgelöst.

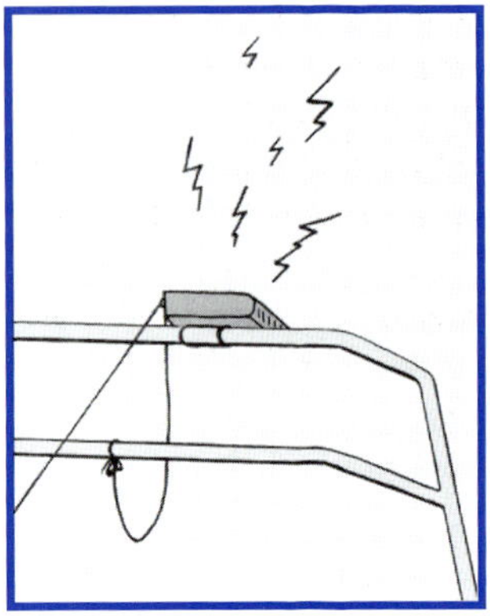

Ankerreitgewicht einmal anders

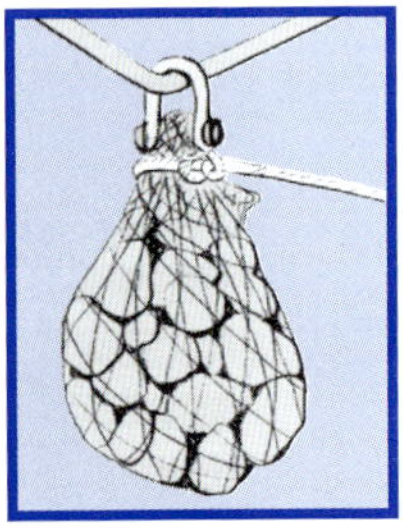

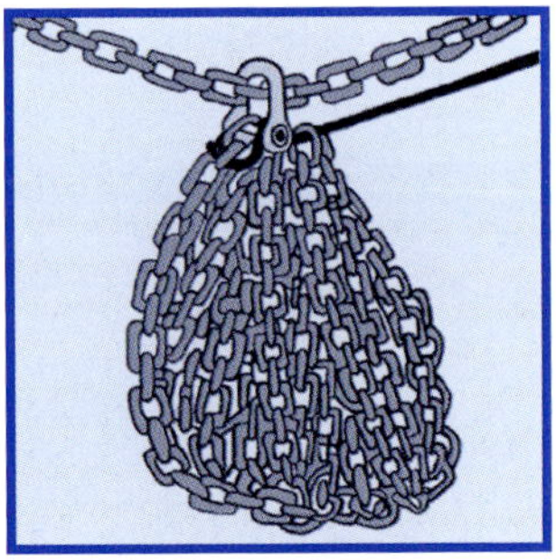

Zusätzliche Ankerketten können schnell zu einem Ankerreitgewicht umfunktioniert werden. Daß derartige Reitgewichte die Haltekraft eines Ankers erhöhen und dadurch für mehr Sicherheit sorgen, ist unbestritten. Man nimmt einen großen Schäkel und fixiert die Ketten am Bolzen. Da der Schäkel groß genug ist, über die Ankerkette zu rutschen, hat man ein Ankerreitgewicht.

Auf Charterbooten wird man selten ein Ankerreitgewicht finden. Eine einfache Lösung des Problems ist ein robustes Einkaufsnetz. Das wiegt fast nichts und erhöht so auch nicht das Gewicht des Fluggepäcks, aber mit Steinen gefüllt ist es ein wirksames Reitgewicht. Angebracht wird das Netz wie die Ketten mit Hilfe eines großen Schäkels an der Ankerkette.

Wer kennt es nicht? Man holt den Anker aus dem Ankerkasten und stellt fest, daß Leine und Kettenvorlauf erst einmal geordnet werden müssen, damit der Anker fallen kann. Vorbeugen ist auch hier besser. Für eine dauerhafte Ordnung im Ankerkasten benötigt man zwei Holzplatten und drei kurze Rundhölzer. Die untere Holzplatte sollte genau die Ausmaße des Ankerkastens haben. Auf sie wird wie ein Hocker die zweite kleinere Platte mit den drei Rundhölzern befestigt. Um diese pyramidenartige Konstruktion wird dann die Ankerleine samt Kettenvorlauf gelegt. Es wird nie wieder zum Leinenwirrwarr kommen.

Richtig aufgeschossen

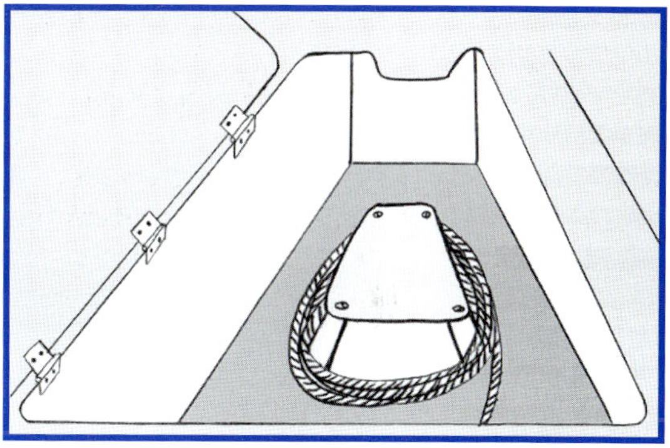

Gerade in einem Feld mit anderen Ankerliegern ist es wichtig, den Platz des Ankers mit einer Boje zu markieren. So ist jedenfalls die Chance größer, daß ein späterer Ankerlieger seine Kette nicht über das ausgebrachte Eisen wirft. Es ist aber immer schwierig, die genaue Tiefe vorherzubestimmen und danach die Leine für die Boje zu bemessen. Ein kleiner Block an der Boje und ein Gewicht am Ende der durch den Block geführten Befestigungsleine verschafft Abhilfe. Auch bei einem veränderten Wasserstand bleibt die Ankerboje immer genau über dem Anker.

Ankerboje

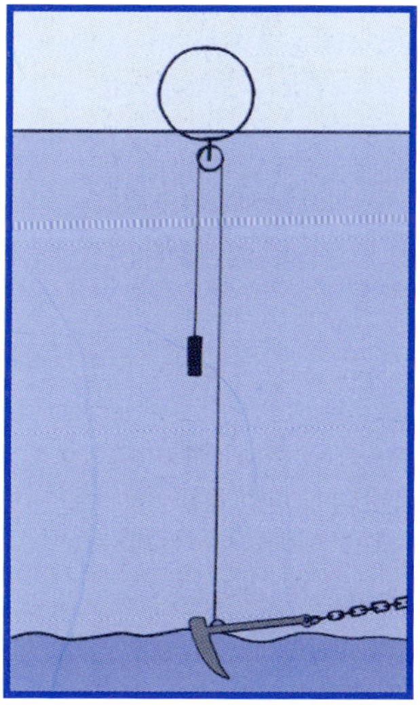

Blickkontakt

Jeder Skipper kann ruhiger beim Ankern schlafen, wenn er genau weiß, daß sich der Anker auch eingegraben hat. Wenn das Wasser zu kalt ist, um mit Schnorchel und Taucherbrille den Anker zu kontrollieren, kann es auch vom Beiboot aus geschehen. Hilfreich ist allerdings in allen Fällen, wenn der Anker weiß gestrichen wurde. Er ist dann viel besser auszumachen. Viele Segler haben mit weissen Ankern gute Erfahrung gemacht und man fragt sich, warum sie nicht weiß geliefert werden?

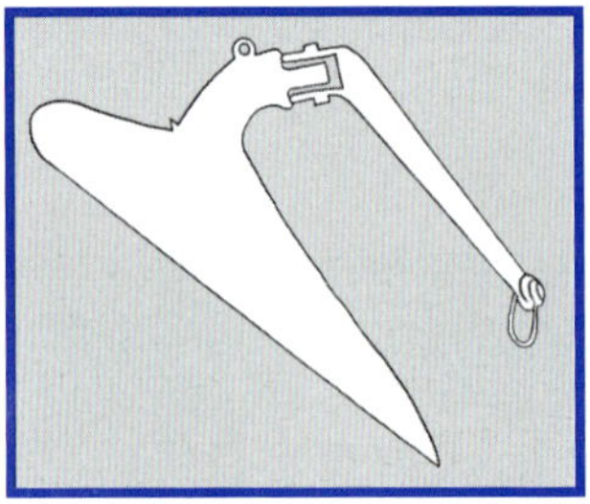

Fenderball

Je weniger Ausrüstung an Bord ist, um so besser. Das wissen vor allen Dingen Eigner von kleinen Schiffen. Sie versuchen, verschiedene Dinge an Bord mehrfach einzusetzen. Ein schwarzer Kugelfender beispielsweise kann auch als Ankerball genutzt werden. Um ihn besser nach dem Setzen fixieren zu können, ist es hilfreich, an der Unterseite mit Epoxykleber eine Fenderöse mit großer Auflagefläche anzukleben.

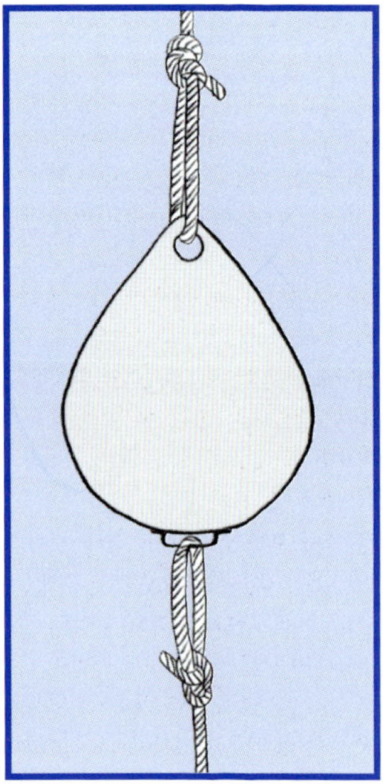

Leinentrick

Der schwere Buganker ist dem häufig sehr viel leichteren Heckanker überlegen. Wer also länger vor Heckanker liegen will oder gar keinen Heckanker besitzt, kann mit einer kräftigen Leine ohne große Schwierigkeiten den Bug- zum Heckanker umfunktionieren. Die Leine sollte an der Ankertrosse – zweifache Wassertiefe plus zwei Schiffslängen – mit einem Stopperstek befestigt werden.
Um sicher zu gehen, daß die Ankerleine nicht in die Schraube kommt, werden Anker und vorgesehene Ankertrosse vor dem Manöver zum Heck gebracht. Bei ganz wenig Wind und ruhiger See kann das Ankermanöver allerdings auch vom Bug aus gefahren werden. Achten muß man allerdings darauf, daß die Kette sehr schnell auf den Grund sinkt. Der Anker wird dann am vorgesehen Ort fallengelassen, und die Hilfsleine nach gewünschter Länge auf der Achterklampe belegt.

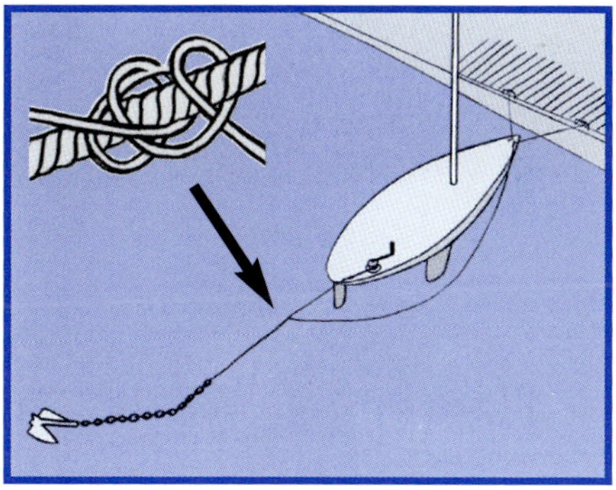

Schaukelbremse

Auf einigen Ankerplätzen entstehen manchmal quer laufende Wellen. Das Boot wird zur Schiffschaukel, und es wird dringend eine Schaukelbremse benötigt. Crews voller Tatendrang können die rollenden Bewegungen mit Hilfe von zwei Eimern reduzieren. Man bringt dazu den Großbaum soweit nach vorne aus wie es geht. Zur anderen Seite wird der Spibaum gesetzt. An beiden über den Rumpf herausragenden Bäumen müssen die Eimer so angebracht werden, daß sie sich gerade unter der Wasseroberfläche befinden. Der jeweils auftauchende Eimer dämpft die Schiffsbewegung. Die Wirkung ist besonders durch die langen Hebelarme groß. Praktisch: Es ist fast immer alles an Bord – auch auf Charterschiffen.

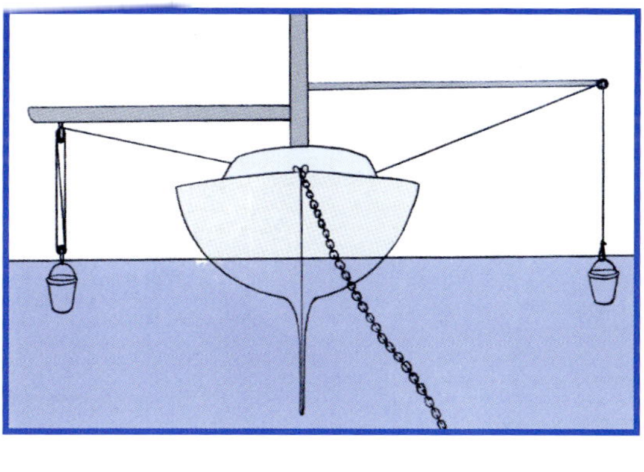

Schaukelstop

Bei Wellen, die permanent anders verlaufen als die Windrichtung, hilft eine Leine in der Länge des Schiffes, um den Bug gegen die Wellen zu halten. Diese Ankerspring wird mit einem Stoppersteg etwa eine Bootslänge vom Bug entfernt an die Ankerkette angebracht. Mit Hilfe der Schotwinsch kann jetzt das Boot so gedreht werden, daß der Bug sich in Richtung Wellen dreht. Ändert sich die Wellenrichtung kann ohne große Mühe die Leine dichtgeholt oder lose gegeben werden, um den Bug weiterhin in Richtung der Wellen zu halten.

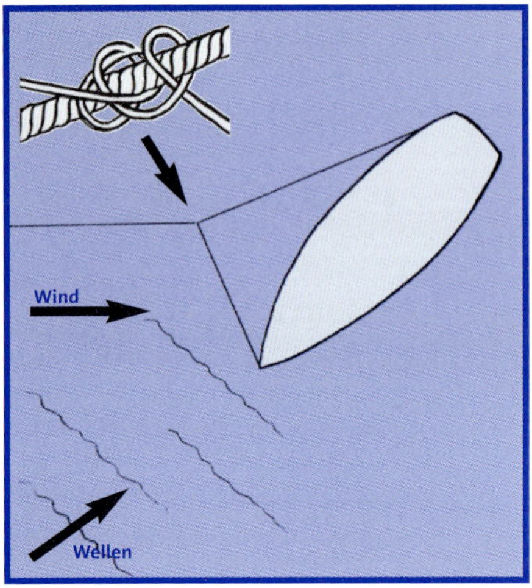

Hilfssegel

Um das Schwojen am Anker zu reduzieren, setzen die Eigner von Ketschen oder Yawlen häufig das Segel am hinteren Mast und holen es ganz dicht. Es hilft tatsächlich, wenn Wellen und Wind aus der gleichen Richtung kommen. Durch das Segel bleibt das Schiff besser im Wind liegen. Auch Eigner von Einmastern können diesen Effekt nutzen: jedenfalls, wenn sie eine kleine Sturmfock besitzen. Das Segel wird einfach am Achterstag mit dem Großfall gesetzt. In der Regel ist eine Sturmfock flach geschnitten, so daß sie gut durchgesetzt werden kann. Die Schot sollte möglichst mittschiffs, zum Beispiel am Mast belegt werden. Übrigens hält eine derartige Besegelung das Schiff auch vor Treibanker besser im Wind.

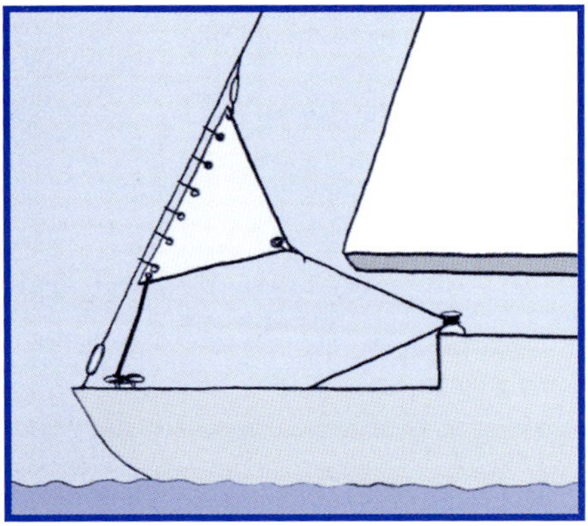

Bootsausrüster werden von vielen Seglern nicht ohne Grund als "teure Apotheken" bezeichnet. Kein Wunder, daß man Alternativen ersinnt und allgemeine Gebrauchsgegenstände für das Bordleben umfunktioniert. Wer durch die Häfen geht, erkennt, daß der Fantasie keine Grenzen gesetzt sind.

Fahrzeugschläuche als Ruckdämpfer

Bei leichterem Zug reicht ein Fahrradschlauch; wird ein stärkeres Rucken erwartet, sollte der Eigner auf alte Motorroller- oder Autoschläuche zurückgreifen. Zu Ruckdämpfern werden sie, nachdem das Ventil entfernt ist und sie zur Acht oder Doppelachten gedreht worden sind. Fixiert werden sollte diese Position dann mit Bändseln oder wetterfestem Klebeband. Der Festmacher wird in das obere Auge eingeführt, drei bis viermal um den Schlauch herumgeschlungen und durch das andere Auge wieder herausgeführt: Fertig ist der Ruckdämpfer.

Alte Autoschläuche gibt es häufig kostenlos in Reifenwerkstätten.

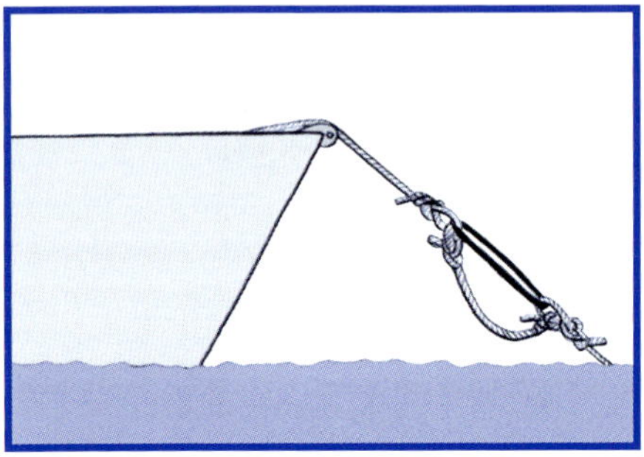

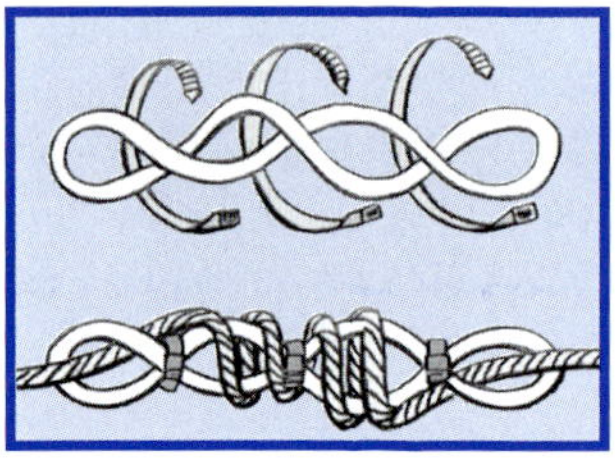

Fender als Ruckdämpfer

Eine Dauerlösung sollte es nicht sein, aber einen Fender als Ruckdämpfer zu benutzen, empfiehlt sich für Charterer oder aber, wenn kein Ruckfender vorhanden ist, und man sich bei viel Wind weniger Bewegung des Schiffes wünscht. Die Festmacherleine wird durch die Öse des Fenders geführt, mehrere Male um ihn gewickelt und dann durch die andere Öse vom Fender weggeführt.

Autoschlauch als Mastkragen

Aus einem Autoschlauch wird ein größtmögliches Quadrat herausgeschnitten und in der Mitte mit einem scharfen Messer ein rundes Loch geschnitten, dessen Durchmesser zwei bis drei Zentimeter kleiner ausfallen muß als der Durchmesser des Mastes mißt. Duch das Abschneiden der äußeren Ecken erhält dann der selbstgebauten Mastenkragen eine runde Form. Wie ein konfektionierter Mastkragen wird der Autoschlauch von unten über den Mast gezogen und an seiner Oberseite mit flexibler Dichtungsmasse verklebt. Besonders wichtig ist es, die Mastnut mit der Masse völlig zu schließen. Auf der Unterseite fixiert man den Mastenkragen mit einer langen Schlauchschelle.

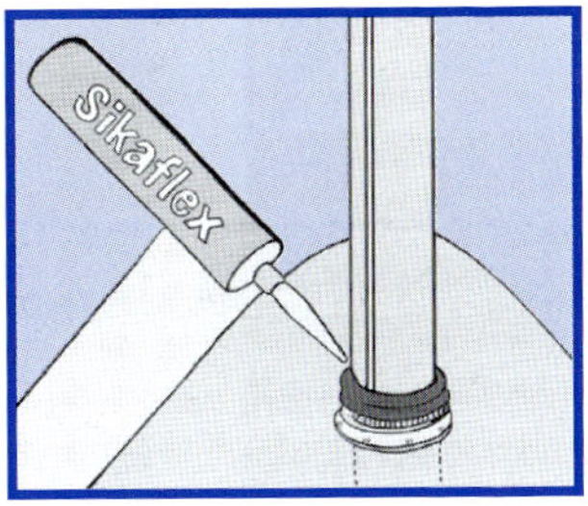

Gefrierfachdose als wasserdichte Steckdose

In einem Boot gibt es viele Kabelverbindungen, und – jeder weiß es – in einem Boot kann es fast überall feucht werden. Als Alternative zu den teuren, fast wasserfesten Kabelverbindungen kann eine normale Gefrierfachdose die Verbindungen schützen. Es reicht dann sogar aus, die Verbindungen mit normalen Klemmleisten vom Elektriker herzustellen. Die Kunststoffdose für das Gefrierfach wird an ein Schot oder die Decke geschraubt. Kabelein- und -ausgänge sind kleine Löcher, die vom durchgesteckten Kabel abgedichtet werden. Sind die Verbindungen hergestellt, wird die Dose einfach mit ihrem Deckel verschlossen.

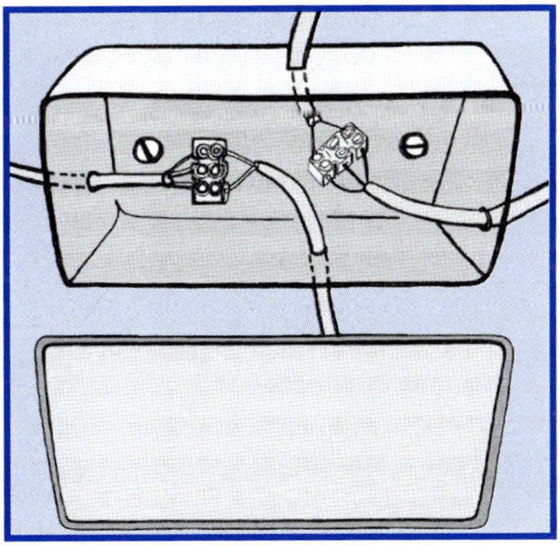

Gummistiefel als Kurbelhalter

Gummistiefel beenden ihr "Leben" meistens, weil die Sohle abgelaufen oder beschädigt ist. Der Schaft ist

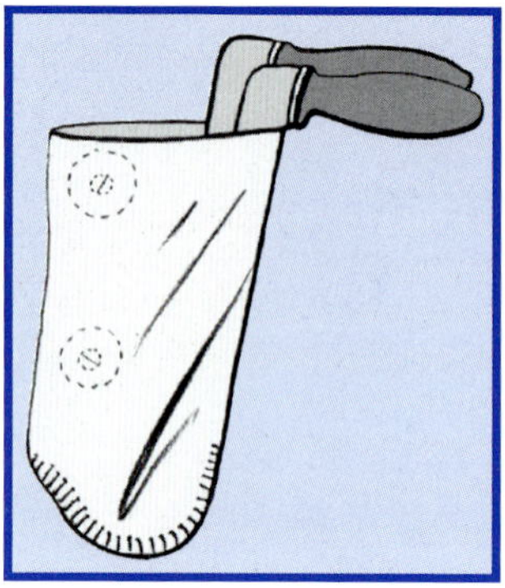

häufig noch gut zu gebrauchen: Jedenfalls als Halter im Cockpit für Winschkurbeln, Flaschen oder andere Dinge. Bevor jedoch der Stiefelschaft im Cockpit angeschraubt wird, muß er unten zugenäht werden. Besser ist es, ihn mit einer durch Kupfernägel befestigten runden Holzscheibe zu schließen.
Wichtig: Es muß ein kleines Loch in den Holzboden gebohrt werden, damit Regen- oder Spritzwasser abfließen können.

Papierkorb als Heckankerkorb

Papierkörbe aus Edelstahl für das Badezimmer gibt es in fast jedem Sanitärfachgeschäft. Wer ihre Preise mit denen von Edelstahlkörben für Anker vergleicht, erkennt den Spartip. Der Papierkorb, der mit Schlauchschellen am Heckkorb befestigt wird, hat übrigens mehr als nur Preisvorteile. Er ist in der Regel größer als der Behälter vom Fachhandel, so daß neben dem Anker auch die Ankerleine mit hineinpaßt.

Kabelkanal als Autopilothalterung

Für die elektrische Pinnenselbststeueranlage ist es manchmal schwer, den richtigen Platz an Bord zu finden. Die empfindliche Steuerhilfe sollte fest verstaut werden, muß aber auch immer schnell erreichbar sein. Kunststoffkabelkanäle aus dem Elektrofachhandel bieten sich als feste Halterung an. Mit ein paar Schrauben befestigt man den Kanal in der Backskiste oder unter Deck, und nachdem der Autopilot hineingelegt wurde, kann er mit dem passenden Deckel verschlossen werden.

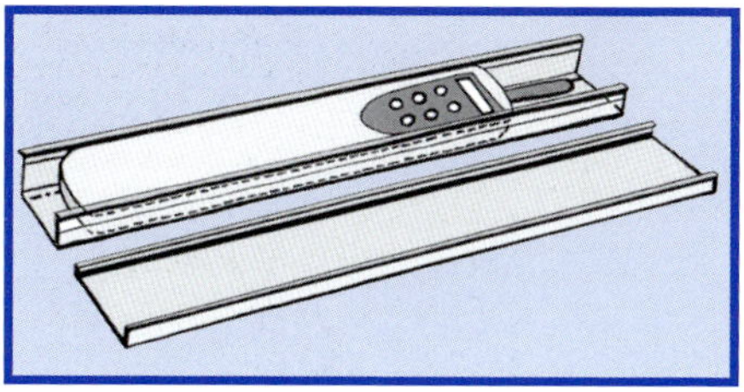

Zwingen als Schraubstock

Zwei Tischlerzwingen, eine Hartholzleiste und ein gebohrtes Loch in der Niedergangstreppe können in vielen Fällen einen schweren, platzraubenden Schraubstock an Bord ersetzen. Eine Zwinge wird durch das Loch gesteckt und damit auf der Niedergangsstufe das Hartholz eingeklemmt. Mit der zweiten Zwinge kann der Gegenstand am Hartholz befestigt werden, den man normalerweise mit dem Schraubstock fixieren würde.

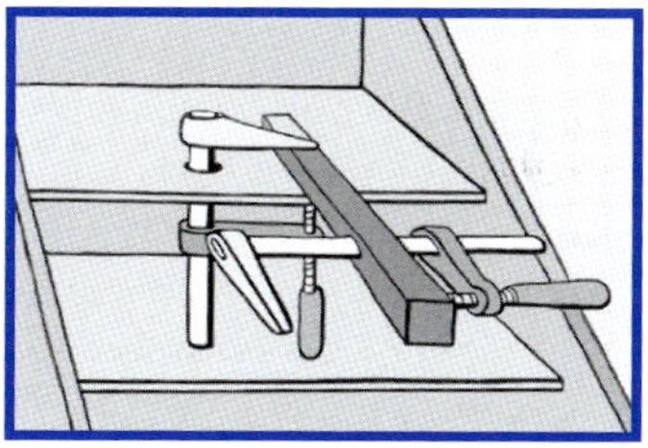

Marmeladengläser als Staufächer

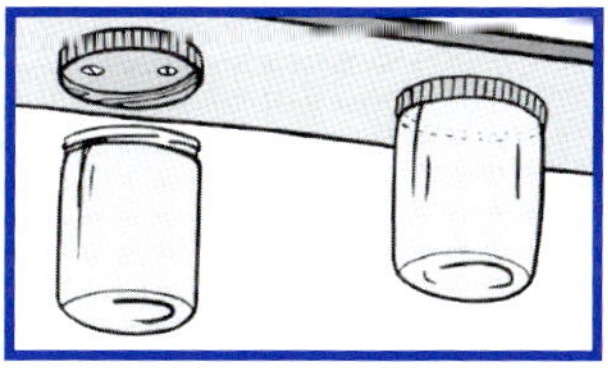

Kleinteile an Bord liegen in der Regel in einer Schublade. Wer etwas bestimmtes braucht, muß anfangen zu suchen. Durchsichtige Marmeladengläser zeigen auch von außen, was in ihnen steckt, und dann können sie auch noch platzsparend an der Decke befestigt werden. Wenn ihre Blech- oder Kunststoffdeckel mit zwei Schrauben an der Decke fixiert werden, können die Gläser mit Kleinkram gefüllt an den Deckeln festgeschraubt werden.

Sektkorken als Kabelverbindung

Deckskabeldurchlässe sind Schwachstellen. Auch teure konfektionierte Durchlässe ragen in der Regel so weit hervor, daß sie leicht abgetreten werden können. Die Alternative, ein Kunststoffsektkorken, kann dagegen jeden Tritt vertragen, wenn er bis zum Anschlag ins Deck gedrückt wurde. Als Führung im Deck kann ein Teil eines handelsüblichen Bordsdurchlasses benutzen werden. Das Kabel wird am besten durch ein kleines seitlich im Korken gebohrtes Loch geführt. Es tritt am Boden des Sektkorken

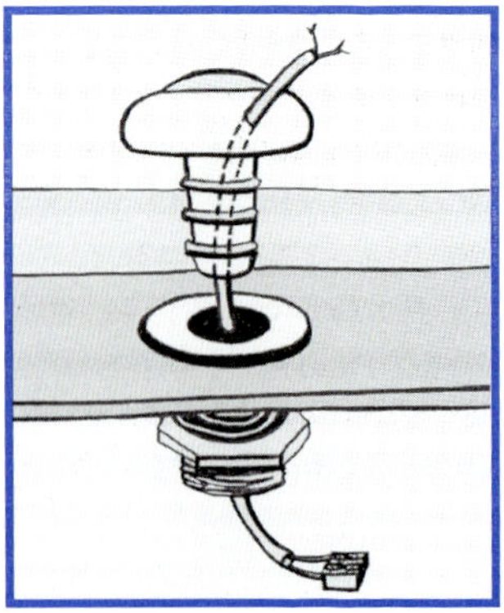

aus. Das Kabel wird dann unter Deck durch eine Klemmleiste mit dem Endverbraucher verbunden.

Giftspritze als Cockpitdusche

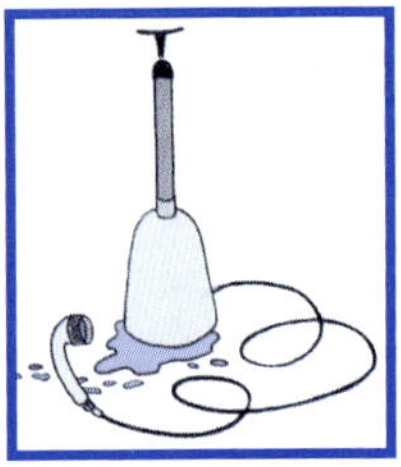

Der Zubehörhandel hat sie bereits entdeckt und bietet die Bordduschen an, die mit Hilfe eines Wasserbehälters und einer integrierten Druckpumpe funktioniert. Es gibt sie im Gartenbedarfshandel allerdings sehr viel günstiger als Pflanzenschutzspritze. Mit warmem Wasser (etwa drei Liter) gefüllt, wird die Cockpitdusche zum Badezimmerersatz. Tüftler können über einen festen Einbau nachdenken. Dusch- und Wassereinfüllschlauch müssen dann aber gut abgedichtet werden, und auch die Handpumpe zum Druckaufbau muß gut zugänglich sein.

Kunststoffeimer als Blendschutz

Auch die besten Handscheinwerfer haben Streulicht. Das ist für eine Crew, die nachts ein Ziel ansteuert, fast immer

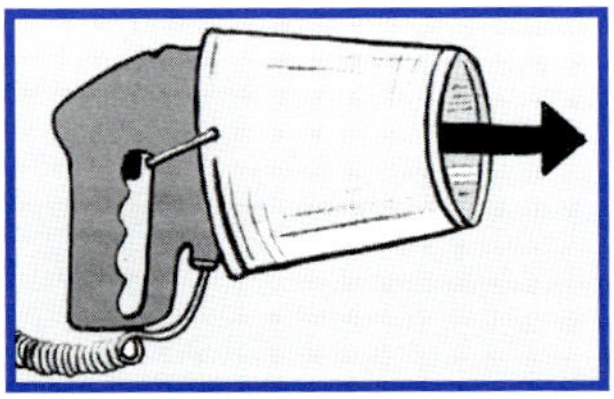

störend. Die Lösung des Problems kostet nur ein paar Mark und ist in jedem Kaufhaus zu kriegen. Von einem kleinen, schwarzen Kunststoffeimer, in den der Scheinwerfer gerade hineinpaßt, wird der Boden entfernt. Der Eimer wird bei Bedarf mit einem Bändsel am Scheinwerfer festgebunden.

Spanngurt als Achterstagspanner

Eigner von Jachten mit doppeltem Achterstag können auf teure Achterstagspanner verzichten. Die Alternative ist ein Spanngurt, der beispielsweise für den Autodachtransport einer Jolle gedacht ist. – Der um die beiden Stage gelegte Gurt muß mit kurzen Leinen nach unten fixiert werden, damit er beim Spannen nicht hochrutschen kann. Dann ist es eine Kleinigkeit, durch das Dichtziehen des Gurtes für die gewünschte Mastbiegung zu sorgen.

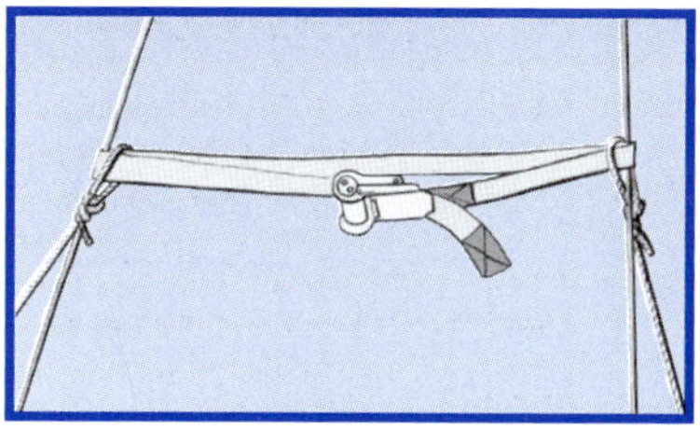

Kunststoffkanister als Staufächer

Viele Flüssigkeiten für den Haushalt oder das Auto werden in Kunststoffkanistern angeboten. Mit einer großen hineingeschnittenen Öffnung und einigen Luftlöchern, eignen sie sich besonders gut zum Verstauen der Ankerleine samt Kette. Beides kann so viel leichter vom Ankerkasten am Bug für Heckankermanöver nach achtern getragen werden. Entfernt man mit einem scharfen Messer den gesamten oberen Bereich der Kanister und schraubt sie an eine Wand der Backskiste, entstehen Staufächer, die es leicht machen, Ordnung zu halten.

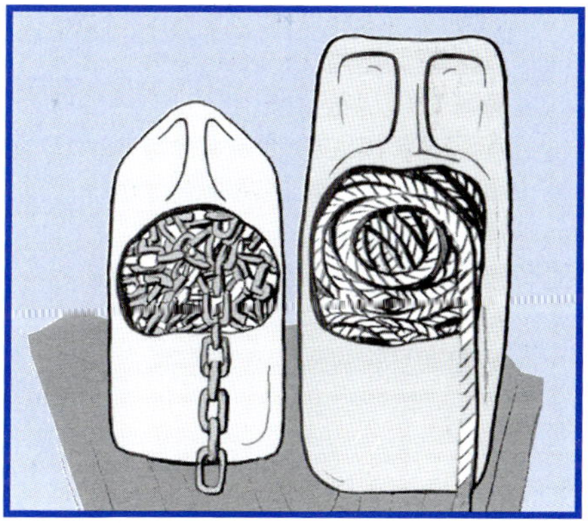

Ösfaß aus Kunststoff-flasche

Kunststoffflaschen mit einem Griff sind mit einem scharfen Messer schnell in ein funktionales Ösfaß zu verwandeln. Wer eine große und eine kleine Flasche umfunktioniert, kann beispielsweise das Beiboot nicht nur schnell lenzen, er kommt mit der kleineren Flasche auch in die Ecken, um das Restwasser aus dem Boot zu entfernen.

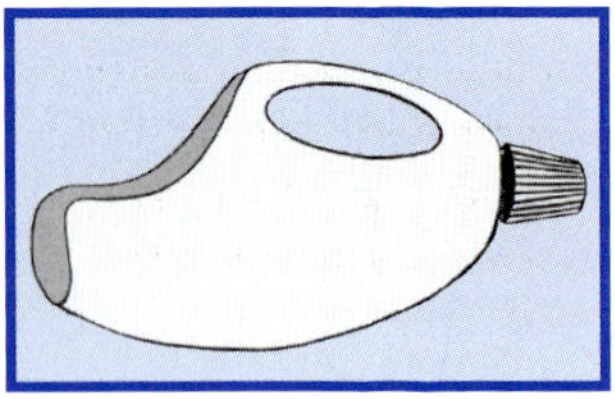

Surfmast als Spinnakerbaum

Viele Surfmasten sind zum besseren Transport teilbar, und auf einem Segelboot kann häufig ein kurzer Spinnakerbaum viel besser verstaut werden. Da liegt es nahe, einen Kunststoffsurfmast zum Spibaum umzufunktionieren. In vielen Garagen liegen seit Jahren nicht mehr gebrauchte Surfausrüstungen. Oftmals hilft ein Nachfragen im Bekanntenkreis, um billig einen Surfmast erwerben zu können. Günstige Masten gibt es jedoch auch in Surfshops.

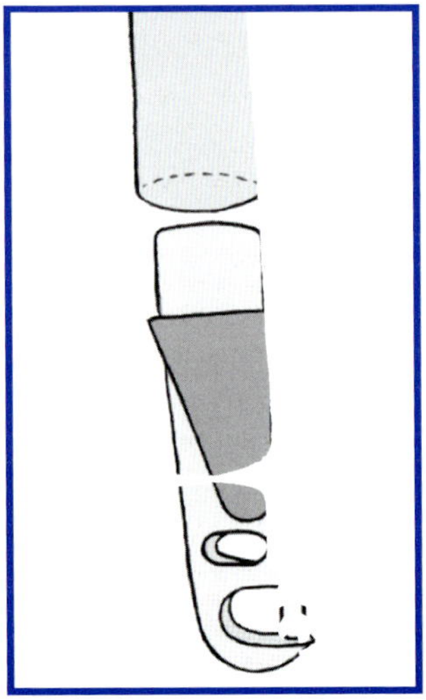

Und so geht es: Die Spibaumbeschläge vom Jachtausrüster werden am besten mit Epoxy-Kleber oder Sikaflex in den Mast hineingeklebt. Die gut klebende, elastische Dichtungsmasse Sikaflex sollte man benutzen, wenn der Durchmesser des Beschlages sehr viel kleiner als der des Baumes ist. Dann darf mit dem Material nicht gespart werden. Wer ganz sicher gehen will, fixiert den geklebten Beschlag noch mit zwei nichtrostenden Blechschrauben.

Frühstücksbrett als Teakholzmaterial

Oftmals benötigt man ein kleines Stück Teakholz, um beispielsweise eine in den Stil der Kajüte passende Halterung für eine Petroleumlampe zu basteln. Nicht nur, daß es schwer sein wird, dieses kleine Stück Teak im Holzhandel zu bekommen. Es ist dort auch meistens teurer als im Kaufhaus. Dort gibt es Teakholz zu Schleuderpreisen in Form von Frühstücksbrettern. Die Oberfläche der Bretter ist sogar so gut geschliffen, daß man sie ohne weiteres gleich verarbeiten kann.

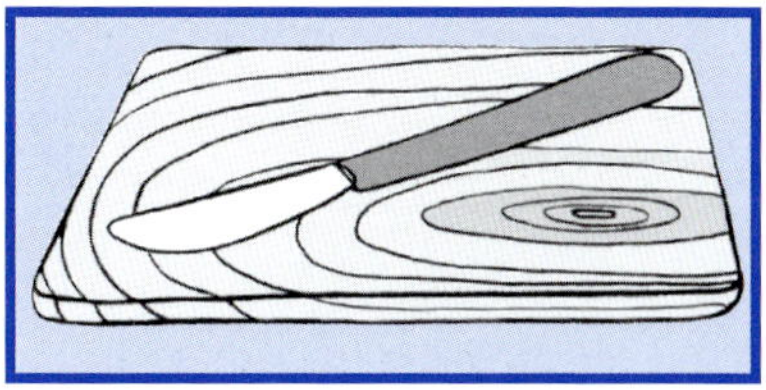

Gartenstuhl als Steuermannsitz

Wenn die Cockpitkante einer Segeljacht so schmal ist, daß der Platz auf der hohen Kante für den Mann an der Pinne schon nach wenigen Minuten zur Tortur wird, ist dringend Abhilfe nötig. Die kann ein Kunststoffgartenstuhl verschaffen. Der aus Sitz und Lehne in einem Stück gepresste Stuhl wird von seinen Beinen befreit. Dann sägt man aus Bootsbausperrholz zwei Leisten, die an die Außenseiten der Lehne geklebt (Epoxy) und geschraubt werden.
In die etwa zehn Zentimeter überstehenden Holzprofile werden den Relingsdrähten angepaßt, Haken hineingesägt. Sie sorgen auch bei Lage dafür, daß der Steuermann nicht mit seinem Sitz ins Cockpit rutschen kann. Damit das Gelcoat auf der Kante nicht zerkratzt wird, empfiehlt es sich, auf der Unterseite des Sitzes Holzlatten anzuschrauben und sie mit jeweils einem Stück der Länge nach aufgeschnittenen Gartenschlauch zu polstern. Wenn das Schiff längere Zeit unbeaufsichtigt im Hafen liegt, kann der Steuermannstuhl ohne Probleme abgenommen und eingeschlossen werden.
Wer keine elektrische Säge zu Hause hat, kann sich übrigens die Profile im Baumarkt aussägen lassen. Damit die Maße stimmen, sollte jedoch ein Modell aus Pappe angefertigt werden, nachdem sich der Handwerker im Baumarkt richten kann.

Abflußrohr als Bootshakenhalter

Damit der Bootshaken auch auf Kreuzkurs bei hohem Seegang auf seinem Platz an der Want bleibt, gibt es eine sichere Halterung. Man nimmt ein Stück Abflußrohr aus Kunststoff, in das der Bootshaken leicht hineinpaßt. Noch mehr Halt bietet ein längeres Rohr mit einem tiefen Einschnitt. Durch zwei Löcher an der Rückseite wird das Rohr mit Bändseln am Want fixiert. Im oberen Bereich hält ein am Want in etwa einen Meter Höhe angebundenes Metallauge (Zubehörgeschäft) den Bootshaken. Durch das Eigengewicht des Hakens und durch die Tiefe des Rohres, in dem er steckt, wird er auch bei starken Bootsbewegungen in seiner Halterung bleiben. Für alle, die es nicht wissen sollten: In die Halterung hinein bringt man den Bootshaken, indem man ihn zuerst mit dem Stiel von unten in das obere Metallauge steckt und ihn dann ins Rohr führt.

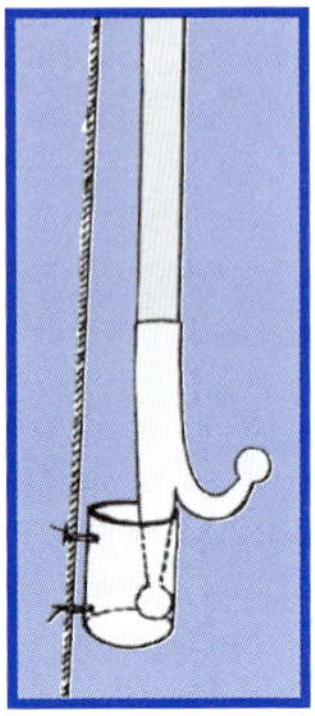

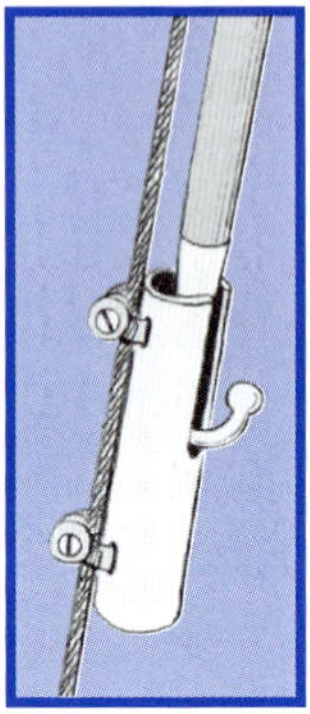

Abflußrohr als Ankerhalterung

Für Klappdragen gibt es teure Ankerhalterungen, die am Heckkorb angeschraubt werden. Eine kostengünstige Alternative ist ein Abflußrohr aus Plastik, das mit zwei Schlauchschellen am Heckkorb befestigt wird. Damit der Anker nicht durch das Rohr fällt, empfiehlt es sich, den Boden mit einem u-förmig gewinkelten Stahlstreifen zu schließen. Das Metall wird an das Rohr angeschraubt.

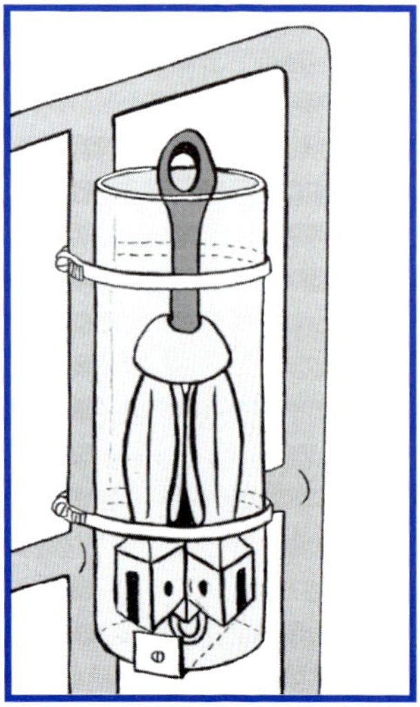

Kleine Bullaugen, die man vor allen Dingen auf älteren Booten findet, werden häufig als permanente Lüftung genutzt. Das hat jedoch einen Nachteil: es kann hineinregnen. Verhindern kann das ein gebogenes Abflußrohr vom Baumarkt. Manchmal findet man eine Rohrstärke, die genau ins Bullauge paßt. Ist die Öffnung zu groß, besteht die Möglichkeit, den Umfang des Rohres durch wasserfestes Klebeband so weit zu vergrößern, bis es paßt. Durch den Knick im Rohr besteht sogar die Möglichkeit, die Lüftung zu verbessern: Man dreht die Öffnung einfach in den Wind.

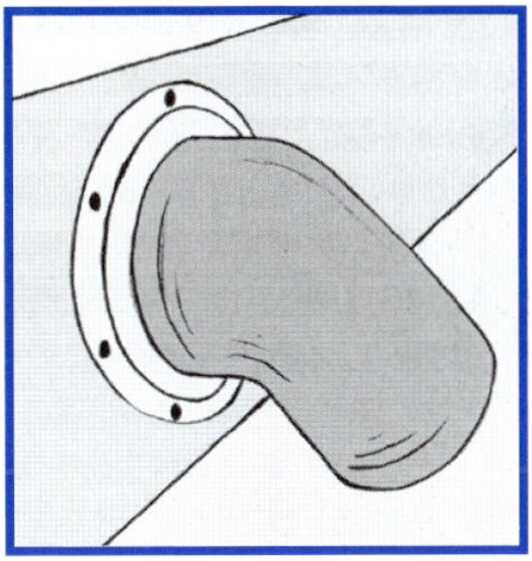

Isolierschlauch als Wantenspannerschützer

Wantenspannerschützer aus Kunststoff, die es bei jedem Jachtausrüster gibt, sorgen dafür, daß die Segel und auch die Hosenbeine der Crew nicht an den Kanten der Spanner und den Sicherungsstiften hängen bleiben. Den gleichen Zweck erfüllen viel preisgünstiger Isolierungsschläuche, die eigentlich für Wasserleitungen gedacht sind. Die Schläuche werden in ein Meter langen Stücken angeboten. Das reicht in der Regel für ein Ober- und zwei Unterwanten. Die Isolierschläuche sind aufklappbar und können ohne Schwierigkeiten über die Wantenspanner gezogen werden.

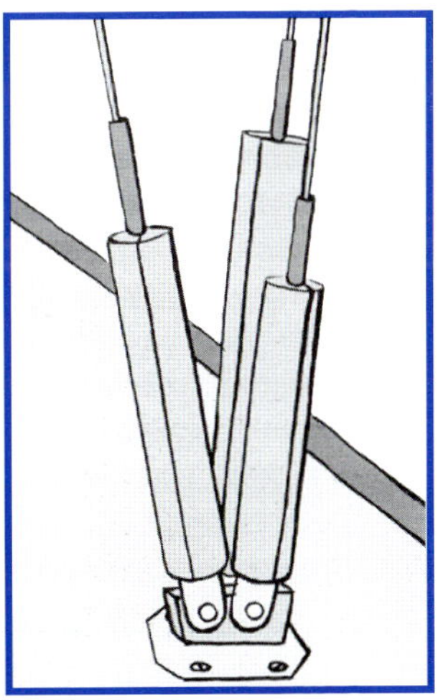

…hlauch …cken- …tze

Wer häufig auf der hohen Kante im Cockpit sitzt, kennt es: Der dünne Relingsdraht drückt sich schon nach kurzer Zeit unangenehm in den Rücken. Die für die Isolation von Wasserleitungen gedachten Isolierschläuche sorgen für Abhilfe. Sie können, ohne daß der Relingszaun abgebaut werden muß, auf ihn geschoben werden. Damit die Schläuche aus Schaumstoff länger halten, sollten als erstes dünne Gartenschlauchstücke aus Gummi oder Kunststoff über den Draht gezogen werden. Die sorgen dafür, daß sich der Draht nicht so einfach durch das Isoliermaterial drückt.

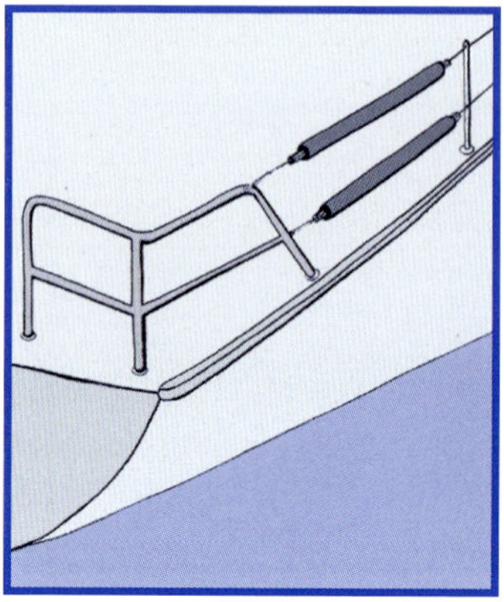

Kleine Badeplattform

Badeplattformen an den Hecks moderner Jachten erleichtern nicht nur das Anbordkommen nach einem Badegang, sondern sie eignen sich auch besonders gut als Standplatz, um das Salz mit einer Süßwasserdusche vom Körper zu waschen. Eine Miniplattform findet an jeder Badeleiter, die mindestens einen festen Leiterbügel hat, Platz. Dort besteht die Möglichkeit, eine Teakplatte an das Rohr zu schrauben. An dem Berührungspunkt zum Heck wird die kleine Plattform von unten her angeschrägt, so daß sie sich fest an das Heck pressen kann. Befestigt wird sie an dieser Stelle mit Epoxy-Kleber. In der Breite muß die kleine Plattform so ausgelegt sein, daß die Badeleiter weiterhin aus- und eingeklappt werden kann.

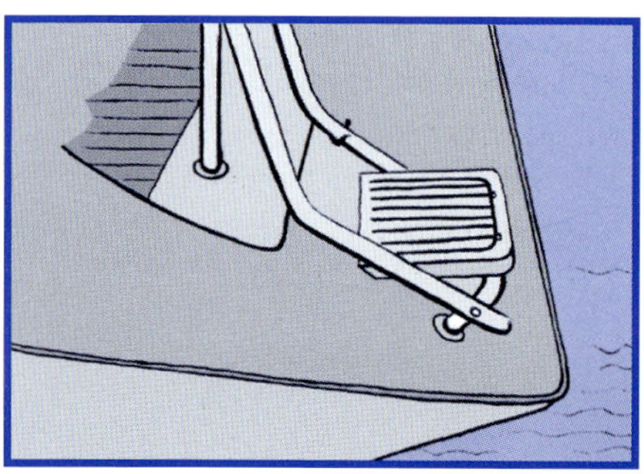

Baumpersennig selbst genäht

Die Großbaumpersenning gehört zu den Ausrüstungsteilen an Bord, die alle paar Jahre ersetzt werden muß. Wer eine Nähmaschine hat, kann sich die Schutzhaube fürs Großsegel selber nähen. Zusammengefügt werden müssen nur vier Teile. Die Maße richten sich nach der Baumlänge und dem Umfang des aufgetuchten Segels (Bandmaß benutzen). Wichtig ist auch, die Höhe des auf dem Baum liegenden Segels am Mast auszumessen. Alle Maße werden mit einem Filzschreiber auf den Persenningstoff übertragen. Am besten nimmt man ein Baumwoll-Polyestergemisch, damit Luft, aber keine Nässe auf das Segel gelangen kann. Den Stoff möglichst in einer Breite von 1,50 Meter kaufen. Beim Schnittmuster ist eine Zugabe von rund zwei Zentimetern pro Naht dazuzurechnen, da zur besseren Haltbarkeit umgenäht werden sollte. Und so wird zusammengenäht: Seite 1 an 1, 2 an 2, 3 an 3 und dann 4 an 4. Die einfachste Methode, dafür zu sorgen, daß die Persenning auch verschlossen werden kann, sind das Anbringen von Ösen, die dann auf einer Seite mit Bändseln versehen werden.

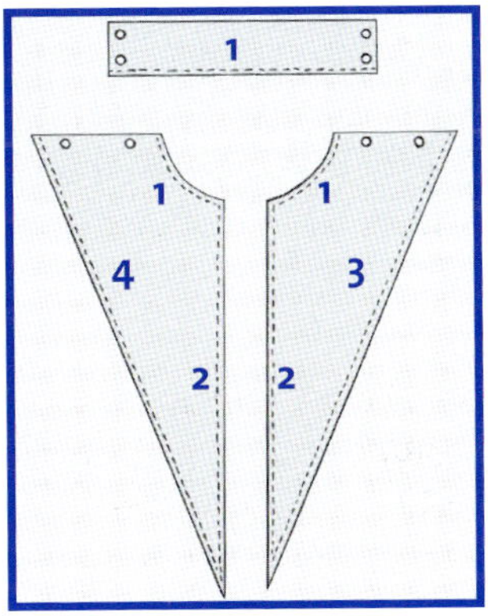

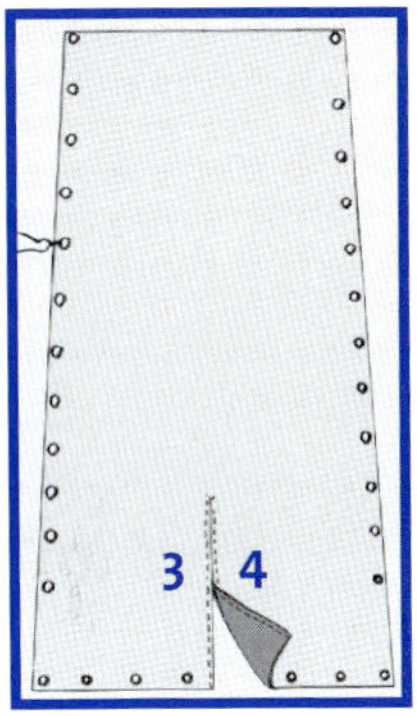

Überzieher fürs Fernglas

Ferngläser sind empfindliche optische Geräte, deshalb sollte man sie nach Gebrauch sorgfältig in ihre Köcher verstauen. Ferngläser mögen auch kein salziges Spritzwasser. Auf den Gläsern sorgt es für Schlieren, die die Weitsicht beeinträchtigen. Gegen Erschütterungen wie gegen Spritzwasser hilft ein für das Glas passend geschneiderter Beutel aus Leder oder weichem Kunststoff. Der Riemen des Glases läuft durch zwei Ösen, so daß Schutzbeutel und Fernglas immer zusammenbleiben.

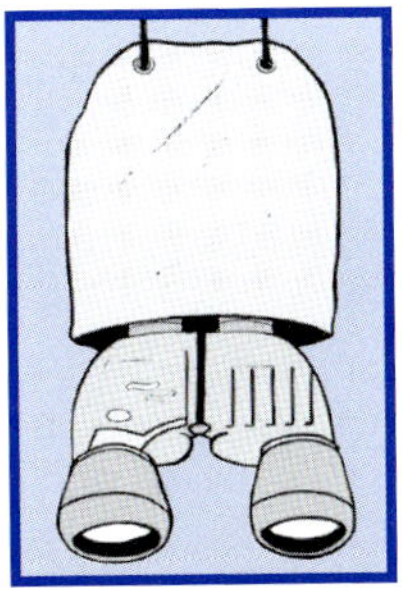

Gespannte Laken

Spezielle Spannlaken für die trapezförmigen Vorderkojen haben im Vergleich zu normalen Spannlaken gepfefferte Preise. Aber sie sind einfach viel praktischer als normale Laken, und man schläft vor allen Dingen besser, da keine Falte drückt. Warum soll man die Spannbetttücher nicht einfach selber nähen? Das ist ganz einfach. Man nimmt das Kojenmaß, summiert die zweifache Stärke der Schaumstoffdicke und 15 Zentimeter dazu und schneidet ein ganz normales Laken danach zu. Mit der Nähmaschine ist es leicht, einen Saum für das Gummiband in das Laken zu nähen. Das Band wird dann mit einer geschlossenen Sicherheitsnadel eingefädelt. Das war es schon.

Selbst reparieren

Ein Bruch des Groß- oder des Spinnakerbaumes erfolgt glücklicherweise nur selten. Wenn es geschieht, ist der Ausrüster, bei dem Ersatz gekauft werden kann, meistens weit weg. Aber man kann die Bäume, die in der Regel aus Aluminiumprofilen bestehen, selber reparieren. Benötigt werden dazu eine Eisensäge, ein Kantholz, das gerade in den Baum paßt sowie einige Blechschrauben aus nichtrostendem Stahl. Als erstes muß der Baum von seinem Knick befreit werden. Die beschädigte Stelle wird herausgesägt. Dann muß das Holzstück in das Rohr getrieben werden. Je länger es ist, um so größer ist die Bruchlast. Der nächste Schritt ist die Fixierung des Holzes durch die Schrauben. Erst danach wird das andere Ende des Baumes auf das Holz geschoben und festgeschraubt. Der Baum ist jetzt etwas kürzer geworden. Beim Spibaum spielt das kaum eine Rolle. Ganz anders ist es beim Großbaum. Dort wird in der Regel das Unterliek des Segels zu lang sein. Die Lösung: Man segelt bis zur Ersatzbeschaffung mit einem Reff.

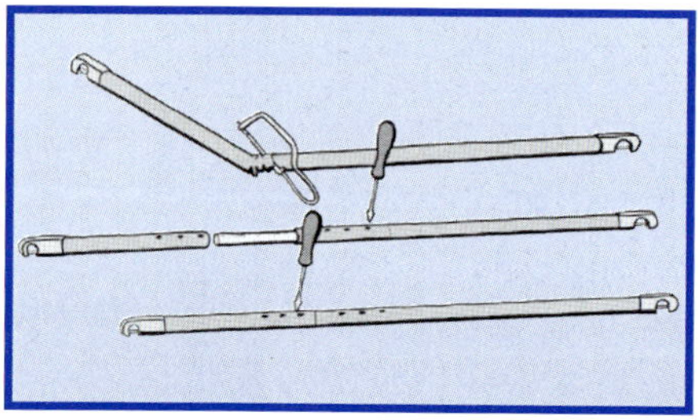

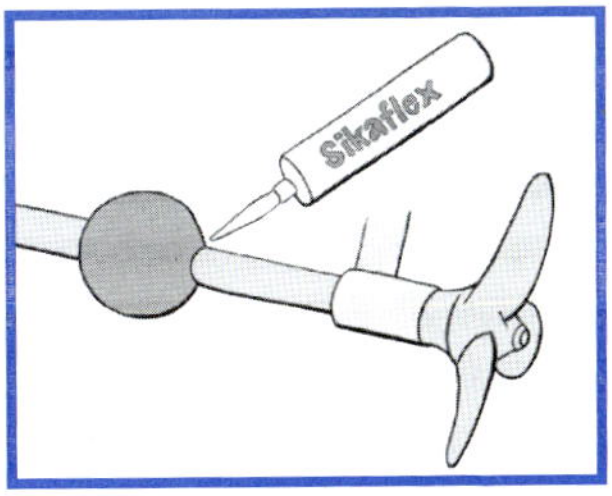

Die Opferanode auf der Schraubenwelle hält in der Regel nur eine Saison, selbst dann, wenn ihr Abtrag eher gering ist. Das Material der Anode wird jedoch häufig so geopfert, daß sie schon zum Saisonende hin lose auf der Welle sitzt. Hier hilft vor dem Slipptermin im Frühjahr Unterwasserspachtelmasse oder wasserfeste Dichtungsmasse (Sikaflex). Damit sollte die Anode auf die Welle geklebt werden, bevor man die Schrauben anzieht. Mit dem Kleber fixiert man auch die Schrauben und die sichtbare eingegossene Stahlschelle, mit der die Anode auf der Welle befestigt wird.

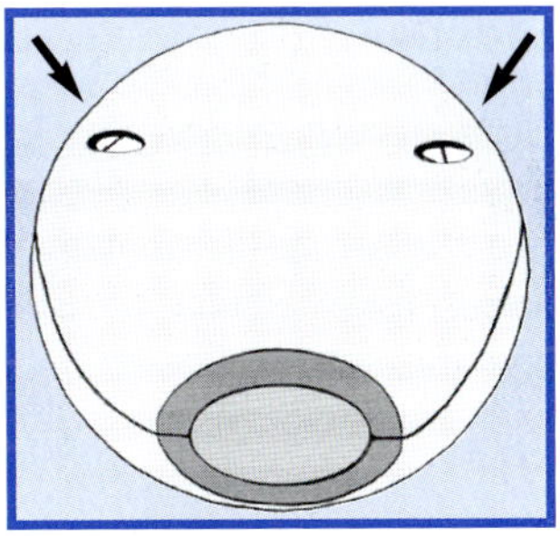

Eine Opferanode für zwei Saisons

Radarreflektoren in der vorgeschriebenen Größe machen das Segeln gerade in Anbetracht der vielen neuen Schnellfähren sicherer. Der Reflektor – am besten ist er auf dem Masttopp angebracht – erhöht aber nicht nur den Windwiderstand, sondern ist aufgrund seiner Bauausführung ziemlich empfindlich. Die präzise zueinander ausgerichteten Flächen können leicht verbiegen. Besser ist es, den Reflektor in einer schützenden Kugel unterzubringen. Mit Hilfe von leichtem Styroporschaum ist das einfacher als man denkt. Wichtig nur: der Schaum muß geschlossenporig sein, damit er kein Wasser aufnehmen kann. Den Schaum gibt es für ein paar Mark im Baumarkt.

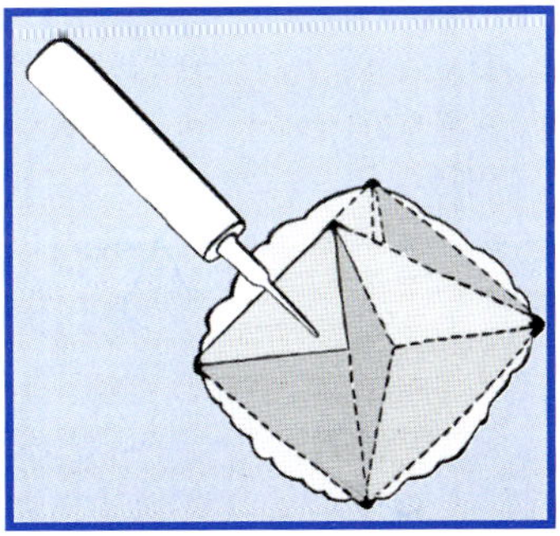

Runder Radarreflektor

„Das hat Ihnen gerade noch gefehlt...“

Seglers Trickkiste: Erfahrungsaustausch der Segler

Treffen sich zwei Segler.... Was machen sie? Ganz klar, sie unterhalten sich über ihre einzige Lieblingsbeschäftigung, das Segeln.

Jeder von ihnen hat andere Erfahrungen gesammelt, und man tauscht diese Erfahrungen aus. Denn: je mehr man als Segler weiß, um so besser kann man mit dem Boot umgehen.

Diesen Erfahrungsaustausch zwischen den Seglern hat der Hamburger Journalist, Klaus Bartels, auf eine breite Plattform gehoben und ihn in Form des Buches „Seglers Trickkiste“ veröffentlicht. Band 1 war schon nach wenigen Monaten ausverkauft und wurde bereits neu aufgelegt. Hier gibt es jetzt die Trickkiste Nummer zwei.

Es ist wieder ein Buch mit rund 140 Tipps und Tricks, die der Journalist, selbst ein erfahrener Segler, der 16 Jahre lang bei der Fachzeitschrift YACHT tätig war, auf Stegen und in Clubheimen gesammelt hat. Viele Tipps wurden dem Autor auch von Lesern der „Trickkiste“ Band 1 geschickt, so dass dieses Buch zum Erfahrungsaustausch unter Seglern geworden ist.

Format 135 x 210 mm,
120 Seiten, 2-farbig
EUR 12,45
ISBN 3-934919-01-4

In jeder Buchhandlung
zu erhalten oder direkt bei
MareTeam International
Schmalegger Straße 47
88213 Ravenburg
(EURO 12,45 zuzüglich
Versand)

Kleine Geistesblitze – große Wirkung

Man muß sich in der Regel schon länger mit Booten beschäftigt haben, um darauf zu kommen: Ideen, die das Leben an Bord angenehmer machen, für mehr Sicherheit sorgen oder bei der Bootspflege hilfreich sind.

Nachtruhe 1

Jeder hat es schon einmal erlebt. Knarrende und quietschende Festmacher – durch den Rumpf als Resonanzkörper noch verstärkt – rauben den Schlaf. Meistens geschieht es, wenn die Leinen vom Boot zu niedriger liegenden Belegklampen auf dem Steg führen. Bei jeder noch so kleinen Bewegung des Bootes erzeugt dann vor allen Dingen der luvwertige Festmacher auf der Süllkante oder auf der Lippklampe Geräusche. Manchmal hilft es schon, wenn ein Tuch unter die Leine geschoben wird. Manche gestörten Schläfer fixieren das Tuch mit einem Gummistropp, und das kann tatsächlich für eine Nacht helfen.

Die bessere Lösung ist, die Festmacher am Bug oder Heckkorb hoch zu binden. Das fördert nicht nur die Nachtruhe, sondern verhindert auch, daß die Festmacher durchscheuern können. Obwohl die Hauptzugkraft weiter auf den Klampen an Bord bleibt, sollte zum Hochbinden keine zu starke Leine genommen werden, denn nun erfolgt auch ein gewisser Zug auf das Stahlrohr. Günstig ist es deshalb, die Hilfsleine unmittelbar neben eine tragende Stütze zu binden. Die Leinenstärke sollte so gewählt werden, daß bei großer Zugkraft in Extremfällen erst die Leine reißt, bevor Bug- oder Heckkorb verbiegen können.

Nachtruhe 2

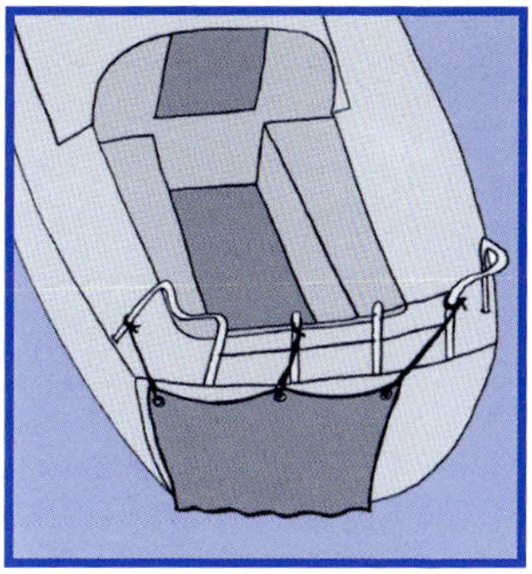

Wellen im Hafen, auch wenn sie noch so klein sind, haben so manch einen Benutzer der achterlichen Kojen um den Schlaf gebracht. Vor allen Dingen dann, wenn sie gegen moderne Jachthecks klatschen. Die Wellen scheinen den Rumpf immer dort zu treffen, wo er der beste Resonanzkörper ist. Spätestens nach der zweiten Nacht mit lautem Getöse in der Achterkoje sinnt der Segler nach Abhilfe. Und das ist gar nicht so schwer. Man nimmt eine PVC-Plane in der Breite des unteren Spiegels. Sie wird durch Bändsel am Heckkorb so angebracht, daß die Unterseite im Wasser hängt und so den Wellenschlag dämpft. Nach Gebrauch kann die PVC-Plane abgetrocknet und aufgerollt werden. Vorteilhaft ist es, an beiden breiten Seiten der Plane vom Segel- oder Planenmacher breite Säume einnähen oder kleben zu lassen.
In die untere Tasche werden jetzt Bleigewichte oder ein Stück Kette gelegt, oben wird das ganze durch eine stabile Latte plan gehalten.

Nachtruhe 3

Man nimmt eine Iso-Matte versieht sie am Kopf- und Fußende mit Ösen, zieht Leinen durch und läßt sie unter dem Heckspiegel aufschwimmen. Fixiert wird ihre Lage durch das Belegen der Halteleine auf den Klampen im Cockpit.
Die schwimmende Matte dient jetzt als Wellenbrecher und sorgt tatsächlich für Ruhe im Schiff. Kommt der Wellenschlag mehr seitlich, muß ihre Lage entsprechend verändert werden.

Fenderspiele

Das Boot ist längere Zeit unbeaufsichtigt und es besteht die Gefahr, daß veränderte Wasserstände die Fender auf dem Steg landen lassen. Dann ist das empfindliche Gelcoat dem Steg schutzlos ausgeliefert. Die simpelste Problemlösung: Die Leine des Fenders wird durch eine Öffnung der Fußreling geführt, bevor man sie am Relingsdraht anschlägt. Damit die Fenderleine nicht an den scharfen Kanten durchscheuern kann, sollte sie mit einem kleinen Plastikschlauch geschützt werden.

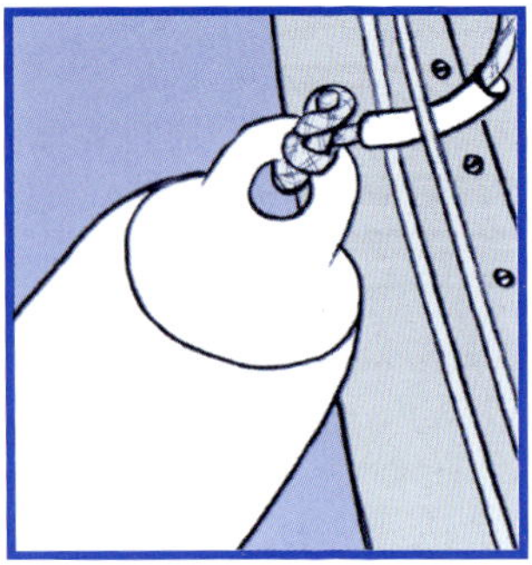

Fenderkette

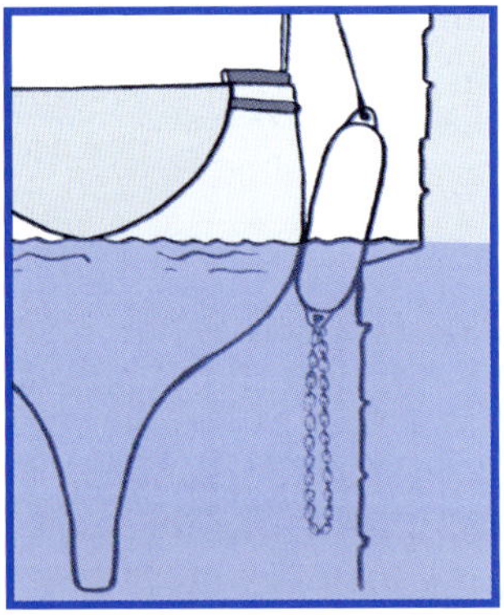

Ein Fender wirkt besser, wenn er an der Unterseite mit einem Gewicht beschwert wird, so, daß er halb im Wasser eingetaucht bleibt. Als Gewicht eignen sich Teile einer Ankerkette (teure Lösung) genauso wie ein Stein, der mit Hilfe einer Leine zum Gewicht umfunktioniert werden kann.

Zusammenspiel

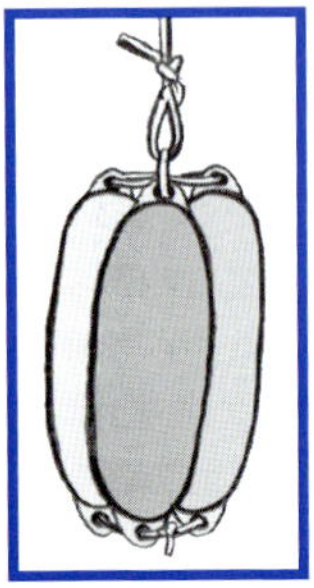

Manchmal benötigt die Crew einen ganz besonders dicken Fender, um das Schiff nach dem Anlegen zu schützen. Falls es keinen an Bord gibt, können mehrere gleichgroße Langfender zusammengebunden werden. Ein solcher Fender kann im Vergleich zu gleichgroßen Kugelfendern nicht rollen. Allerdings muß damit gerechnet werden, daß der Dreierfender unter bewegter Belastung in sich quietscht. Verhindern läßt es sich durch textile Fernderüberzieher oder Feudel, die zwischen die Feder geklemmt werden.

Ruckdämpfer ohne Gummi

Einfach ist immer besser als kompliziert. Das trifft auch in Sachen Ruckfender zu. Das Ding zur einfachen Lösung findet man an vielen Stränden oder sogar am Wegesrand: Einen großen Stein. Der wird mit Hilfe von Bändseln an einen Festmacher gebunden und so plaziert, daß er sich zwischen Boot und Steg befindet. Durch sein Gewicht entsteht so etwas wie ein Ruckfender, denn wenn die Leine im Schwell gestreckt wird, muß erst der Stein aus dem Wasser gehoben werden. In den meisten Fällen reicht das Steingewicht aus, um ein heftiges Rucken zu verhindern. Wer sein Boot längere Zeit unbeaufsichtigt läßt, sollte sicherheitshalber eine zweite, etwas längere Sicherheitsleine zum Land ausbringen, da die Gefahr besteht, daß der Festmacher mit der Ruckleine am Steg durchscheuern kann.

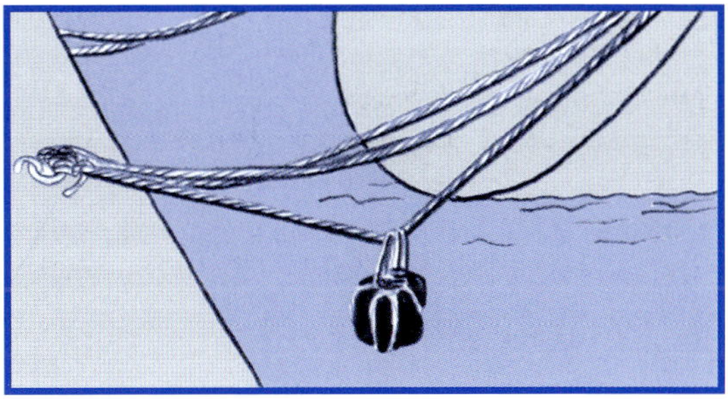

Hilfsleinen der besonderen Art

Immer wieder passiert es, daß sich Seegras im Speedometergeber verfängt und die Schaufelrädchen aufstoppt. Die Geschwindigkeit im Cockpit und auch die zurückgelegten Meilen werden nicht mehr angezeigt. Nun kommt die Leine zum Einsatz. Sie muß lang genug sein, um sie vom Deck unter den Rumpf bis zum Geber führen zu können. Die Bootsgeschwindigkeit sorgt dafür, daß die Leine unter dem Rumpf in Richtung Heck rutscht, wenn sich der Leinenführer mit je einem Ende in der Hand auf dem Deck bis hinter den Punkt bewegt, an dem sich unter Wasser der Speedo-Geber befindet. Nach dem Strammholen geht man wieder Richtung Bug und bewegt dabei die Leine leicht nach links und rechts. Meistens reicht ein Gang nach vorn, um den Geber zu befreien.

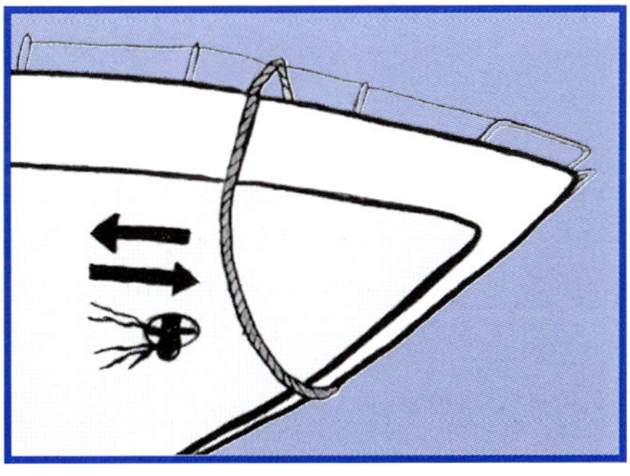

Fangleine

Einen weiteren Leinentrick kann man anwenden, wenn ein Fall ausgerauscht ist und oben bleibt. Man nimmt den Bootshaken, eine etwa zwei Meter lange Leine und ein kleines, gut einzubindendes Gewicht. Das kann ein Schäkel, eine große Metallmutter oder ein Senkblei aus dem Angelkasten sein. Das Gewicht wird an einer Seite der Leine befestigt – das andere Ende am Bootshaken. Wie mit einer Peitschenleine kann jetzt das ausgerauschte Fall eingefangen werden. Durch das Gewicht wird sich die Leine um das Fall wickeln und kann nach unten gezogen werden.

Ersatzspanner

Irgendwann ist der Zeitpunkt auf jeder Jacht gekommen, daß die Relingsdrähte durchhängen, obwohl die Wantenspanner bis zum Anschlag durchgesetzt wurden. In der Regel endet der Relingsdraht mit einer Gewindewalzung für den Spanner. Entweder schraubt man hier einen Gewindeterminal auf oder man trennt das Gewinde für den Wantenspanner ab und bastelt sich durch Pressung oder Schrauben eine Kausch ans Ende. Nun ist eine sichere Leinenverbindung mit dem Bug- oder Heckkorb möglich. Zum Thema Sicherheit: Muß der Relingsdraht schnell beseitigt werden, weil zum Beispiel ein über Bord gegangenes Crew-Mitglied wieder an Bord gezogen werden soll, kann die Leinenverbindung mit einem scharfen Messer durchtrennt werden.

Verbindungen

Normalerweise werden dünne Leinen benutzt, um beispielsweise Relingskleider (Windschutz) oder Segeltuchtaschen am Heckkorb anzubringen. Schneller geht es mit sogenannten Kabelbindern aus dem Elektrohandel. Die Plastikstreifen fallen kaum auf und der überstehende Rest kann einfach abgeschnitten werden. Durchschneiden muß man sie übrigens, wenn das Relingskleid wieder abgenommen werden soll, denn die Kabelbinder sind nur einmal zu benutzen. Dafür kosten sie auch nicht viel.
Ein Trick bei der Befestigung des Windschutzes: Die Kabelbinder sollten am Anfang ganz locker angebracht werden. Erst wenn alle angebracht sind, setzt man sie durch und zwar so, daß das Tuch keine Falten wirft.

Gummiknoten

Gummistropps sind häufig genutzte Helfer an Bord. Manchmal ist ein dehnbarer Zeisig aber zu lang, um damit beispielsweise ein Segel am Relingsdraht anzuschlagen. Knoten im Gummiband, an denen die Endbeschläge (Haken oder Kugeln) Halt finden, machen auch den längsten Stropp immer passend. Ein langer Zeisig, von vornherein mit zwei bis drei Knoten versehen, ist fast immer universell einsetzbar.

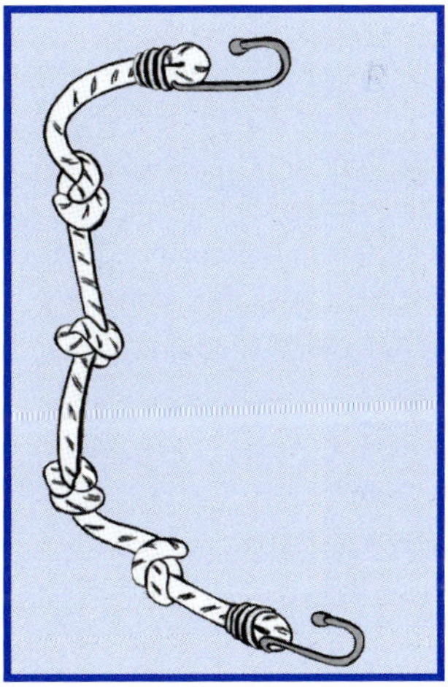

Gummisicherungen

Der Flaggenstock wird auf den meisten Jachten mit einem Bändsel am Fuß gesichert. Sicher ist eben sicher. Eine bequemere Lösung für die Crew: Ein Gummistropp, denn es entfällt dann das ständige An- und Abknoten. Neben einem Großsegelzeisig (Doppelstropp) wird eine Fenderöse und ein Metallhaken benötigt. Die Fenderöse wird mit dem Zeisig auf richtiger Länge am Flaggenstock und der Haken am Flaggenstockhalter angeschraubt. Der über den Haken gezogene Zeisig sichert jetzt den Flaggenstock.

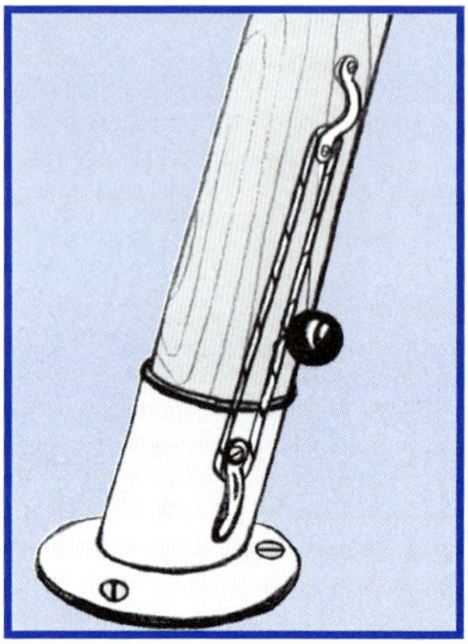

Sicherung per Schraube

Schraubschäkel sind praktisch und im Vergleich zu anderen Schäkeln preisgünstig. Sie haben aber einen entscheidenden Nachteil. Der Bolzen ist nicht gesichert und kann leicht beim Öffnen herunterfallen – oftmals ins Wasser. Damit das nicht mehr passieren kann, benötigt man nur eine passende Mutter, die auf den Bolzen geschraubt wird; jetzt kann der Bolzen nicht mehr aus dem Bügel rutschen. Schon beim Kauf der Schäkel sollte darauf geachtet werden, daß das Bolzengewinde lang genug ist, um auch noch Platz für die Mutter zu bieten. Eigner, die einen Gewindeschneider besitzen, können bei zu kurzen Gewinden das Bolzengewinde weiter schneiden.

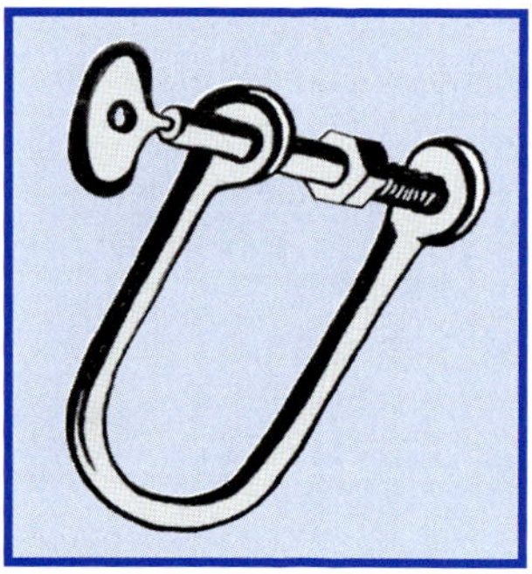

Vom Haushalt ins Boot

Eine verschmutzte Kette beim Ankermanöver an Bord zu hieven, bedeutet später immer Arbeit, denn der Schmutz muß vom Deck gewaschen werden. Damit der Dreck gar nicht erst an Bord kommen kann, sollte die Ankerkette möglichst frühzeitig gereinigt werden. Das machen zwei ganz normale Scheuerbürsten, die mit den Borsten zueinander so zusammengeschraubt werden, daß sie die Kette beim Durchziehen säubern. Die Doppelbürste muß auf Höhe des Bugkorbes eingeklemmt

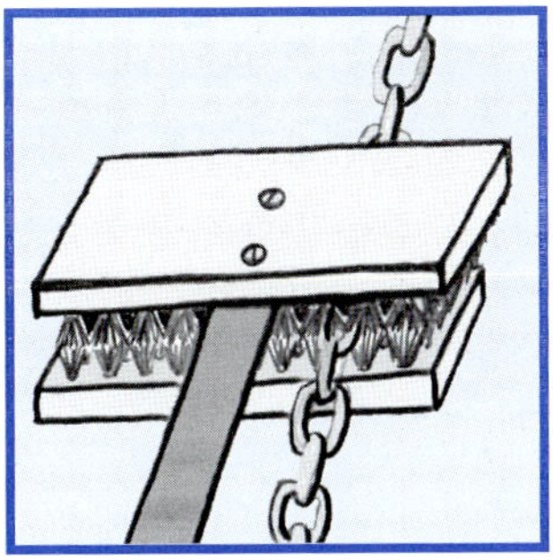

werden. Dabei hilft ein Holzstiel aus einer Latte, der durch den Fuß beschwert wird. Der Stiel hat noch einen weiteren Vorteil. Man kann nach getaner Arbeit die Bürste damit besser im Wasser reinigen.

Sauberes Deck

Ein Haushaltsschrubber ist immer noch am besten für die Reinigung des Decks geeignet. Nur, was soll man machen, wenn kein fließendes Wasser in Form eines Wasserschlauches zur Verfügung steht. Ganz einfach: Man nimmt eine große Plastikflasche, entfernt den Boden und setzt sie mit dem Flaschenhals nach unten auf den Schrubberstiel. Eine Befestigung erfolgt mit zwei kurzen Schrauben. Vorher

sollten jedoch mit einem scharfen Messer ein paar Löcher im unteren Bereich des Flaschenhalses geschnitten werden. Taucht man nun den Schrubber samt Gefäß ins Wasser, füllt sich die Flasche und beim Schrubben ist für eine Spülung gesorgt.

Klammerfunktion

Wäscheklammern gehören an Bord einer jeden Yacht. Sie sind aber nicht nur zum Trocknen nasser Textilien am Relingsdraht zu gebrauchen. Sie eignen sich auch gut, um beim Lesen im Cockpit Buchseiten zu sichern, wenn keine Hand frei ist. Bei Hafenhandbüchern, die aufgeschlagen neben dem Steuermann liegen, hat sich der Wäscheklammertrick bewährt.

Kartenhalter

Wer häufig zu Hause auf der Terrasse frühstückt, kennt die Klammern, mit denen man das Tischtuch sichert und verhindert, daß es vom Wind verweht wird. Diese Tischklammern eignen sich besonders gut zum Fixieren der Seekarte auf dem Navigations- oder Salontisch. Jetzt können sie bei Lage nicht mehr verrutschen.

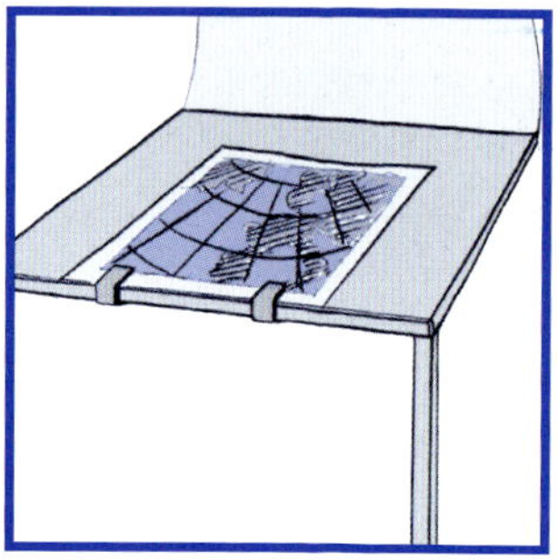

Rutschsicherer werden übrigens auch Bleistifte oder Kugelschreiber, wenn man sie mit einem ganz normalen Gummiband umwickelt. Auch ein Feuerzeug oder andere kleine Gegenstände können so präpariert werden.

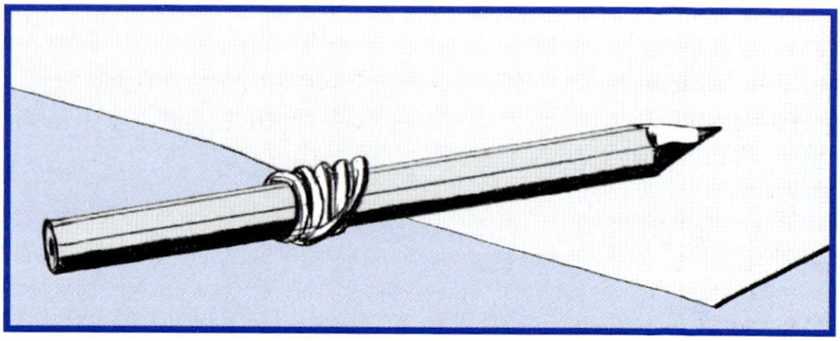

Schlauchlösung

Jeder Skipper, der auf seinem Boot mit Gas kocht oder heizt, hat sich schon über die dicken Rostränder geärgert, die die Gasflaschen hinterlassen. Und rosten tun sie fast alle, denn die Flaschen stehen wochenlang irgendwo in einem Flaschenfach und dort ist es – wie überall an Bord – schnell feucht. Wer es zukünftig verhindern will, benötigt einen Plastik- oder Gummischlauch in der Länge des Gasflaschenumfanges. In der Länge nach aufgeschnitten und über den unteren Rand der Flasche gestülpt, wird ein Rostrand verhindert. Es empfiehlt sich, die Anschlußkanten des Schlauches mit Klebeband abzudichten.

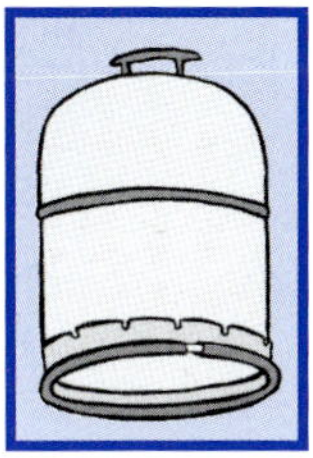

Seekartenbügel

Seekarten werden ungern gerollt, und kein Navigator knickt sie gerne, wenn er sie verstauen muß. Hilfe bringt der Hosenbügel. Eigentlich sollen diese speziellen Bügel für eine bleibende Bügelfalte der Hose im Kleiderschrank sorgen. Die Bügel mit der großen Klemmkraft können aber auch Seekarten halten. Schön glatt an einem Bügel an der Rückwand eines Schrankes gehängt, nehmen die Seekarten nicht nur kaum Platz weg, sie bleiben auch plan.

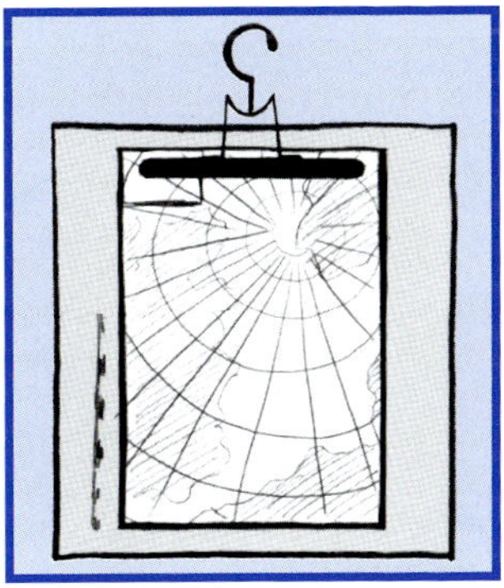

Ölige Sachen

Es gibt Bootseigner, die behalten immer mindestens eine leere Milchtüte an Bord. Sie ersetzt, an der Unterseite großflächig aufgeschnitten und an der Oberseite mit einem kleineren Loch versehen, einen Öltrichter für das Nachfüllen von Motor- oder Getriebeöl. Die Tüte sollte vorher ausgewaschen werden, hat dann aber einen Vorteil gegenüber einem richtigen Plastik- oder Metalltrichter. Die Tüte wird nach Gebrauch einfach fachgerecht entsorgt. Einen öligen Trichter muß man dagegen mühsam an Bord reinigen.

Strumpffilter

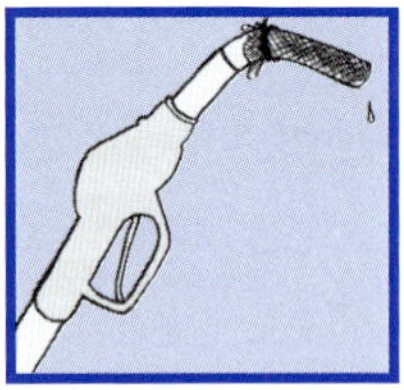

Beim Dieseltanken sollte man sicherheitshalber einen Trichter mit einem Filter benutzen. Schmutz im Dieseltank sorgt irgendwann für Ärger mit dem Motor. Falls kein Filter zur Hand ist, gibt es eine Alternative, die allerdings Verständnis bei mindestens einer Dame an Bord voraussetzt. Man benötigt nämlich einen Nylonstrumpf oder eine Strumpfhose. Eines von beiden wird einfach über die Zapföffnung gezogen. Ein Trick, der besonders den Crews von Charterbooten empfohlen werden kann.

Öltrenner

Um eine saubere Trennung von Öl und Wasser aus der häufig öligen Motorbilge zu erreichen, benötigt man eine Plastikflasche mit einem Verschluß. Beispiel: Ein Behältnis, in dem Geschirrspülmittel verkauft wird. Nach der Entfernung des Bodens hat man eine Pütz, mit der das Öl-Wassergemisch abgeschöpft werden kann. Wird die Flasche einen Augenblick mit der geschlossenen Öffnung nach unten gehalten, trennen sich Öl und Wasser. Das leichtere Öl steigt nach oben. Nachdem jetzt das Wasser durch den leicht aufgedrehten Verschluß abgelassen wurde, kann das Altöl ordnungsgemäß entsorgt werden.

Wasserscheider

Wasser ist schwerer als Diesel. Mit dieser Erkenntnis ist es einfach, den Dieseltank an Bord nach Wasser zu untersuchen. In der Regel gibt es Wasserabscheider im Tank. Ist er schwer zu erreichen oder defekt, ist es möglich, mit einem Metallrohr, das durch eine Balgenpumpe und einen Gummischlauch verlängert wurde, Wasser aus dem Tank zu pumpen. Es empfiehlt sich, erst mit dieser Tätigkeit zu beginnen, wenn das Boot eine längere Zeit ruhig gelegen hat, und sich das Wasser absetzen konnte.

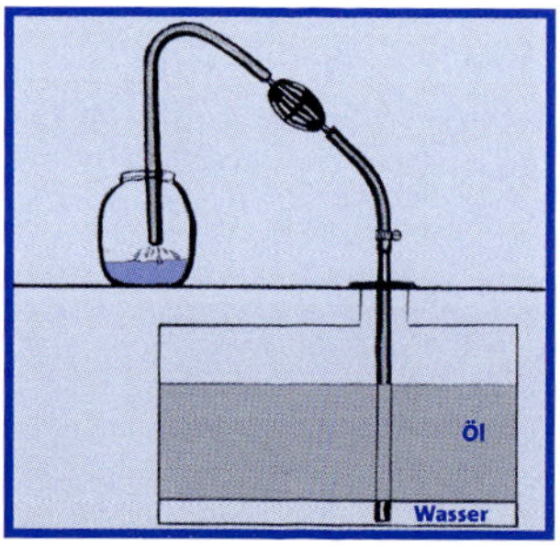

Tankkontrolle

Wassertanks, aber auch viele Dieseltanks an Bord sind aus Plastik gefertigt und vor allen Dingen auf kleinen Booten selten mit einer Tankanzeige ausgerüstet. Eine helle Lichtquelle, wie der Suchscheinwerfer an Bord, kann eine Tankanzeige ersetzen, denn fast alle Plastiktanks lassen starkes Licht durchscheinen und man kann ganz genau erkennen, wie voll der Tank noch ist. Es gibt sogar Skipper, die eine feste Lichtquelle auf dem Tank installiert haben.

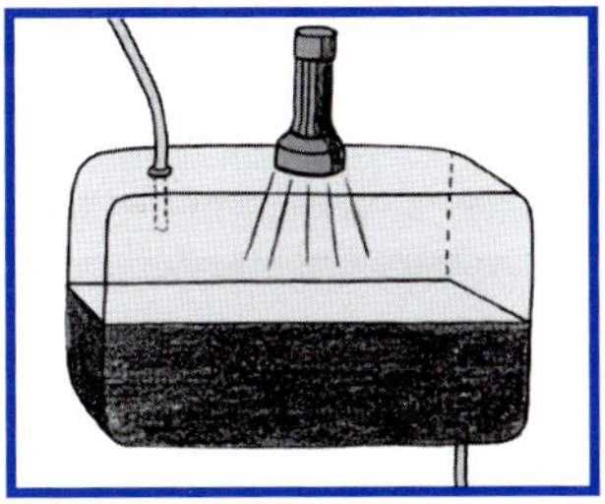

Mehr Luft

Eine 100W-Birne sorgt nicht nur für helles Licht, sondern auch für Wärme. Eine Tatsache, die man sich im Winterlager zur Luftumwälzung unter Deck zu Nutze machen kann. Trotz guter Belüftung verhindert eine gute Luftumwälzung, daß sich durch Feuchtigkeit Spark im Schiff bilden kann. Eine 100W-Birne verbraucht erheblich weniger Strom als zum Beispiel ein Heizlüfter, der sich natürlich auch für eine Luftumwälzung eignet. Die Heizkraft der Birne reicht im verhältnismäßig kleinen Raum unter Deck jedoch völlig aus.

Die Sparheizung kann selbst gebaut werden und besteht aus einer auf ein Brettchen geschraubten Glühbirnenfassung und einem Stück Metallrohr, das mit Blechwinkel halb über der Birne angebracht ist.

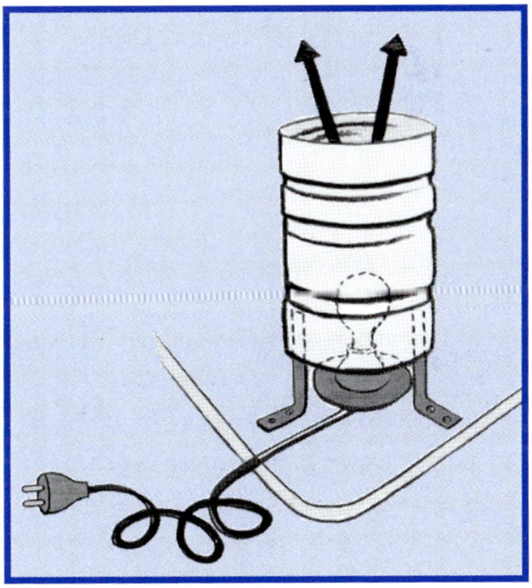

Steuergehilfen

Ein einfaches Stück Abflußrohr aus Plastik wird zur mehr oder weniger eleganten Cockpithalterung für den Hand-GPS. Das Navigationsgerät findet damit seinen Platz genau dort, wo es gut einsehbar ist: Auf der Pinne. Das Rohr erhält auf der Oberseite einen passenden Ausschnitt für das GPS-Gerät und unten einen kleineren Ausschnitt für die Pinne. Am besten sägt man die Teile mit einer Laubsäge heraus. Mit einer langen Schloßschraube wird die GPS-Halterung an der Pinne gesichert. Oben sorgt ein Gummistropp, durch vier Kerben vor dem Abrutschen gesichert, dafür, daß das GPS-Handgerät nicht aus der Halterung fallen kann.

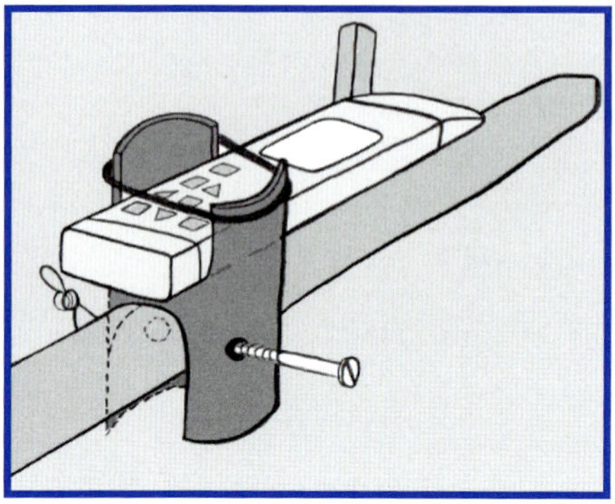

Windex-Licht

Optimales Steuern des Segelbootes mit Hilfe des Windrichtungsanzeigers Windex auf dem Mast ist nachts nur durch eine permanente Lichtquelle möglich. Windex-Beleuchtungen werden im Handel angeboten. Eigner, die den Mast mit einer Dreifarbenleuchte bestückt haben, können durch einen kleinen Trick auf diese spezielle Beleuchtung verzichten. Notwendig ist dafür nur ein verlängerter und winkelig gebogener neuer Windexstab. Durch den Stab wird der Windmesser soweit nach hinten geführt, daß er vom weißen Achterlicht der Dreifarbenlaterne angestrahlt wird. Besonders gut sind die roten Endstücke des Pfeils und die beiden Winkelenden mit ihrer Reflexfolie zu erkennen.

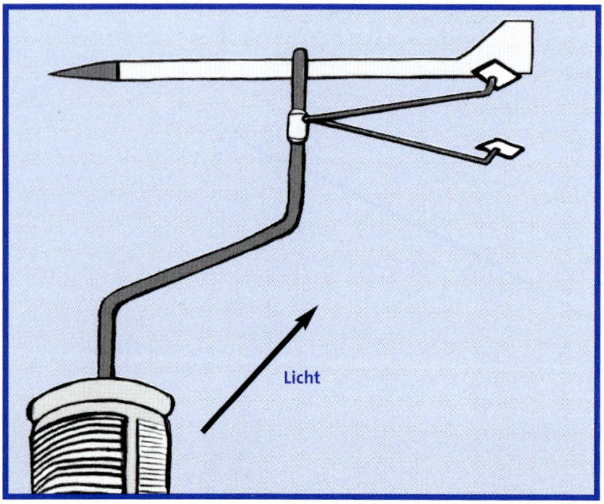

Wer sicher segeln will, muß das Boot beherrschen; eine alte Tatsache, aber auch die Ausrüstung muß einem Mindeststandard entsprechen. Das Thema Sicherheit an Bord erstreckt sich von der richtige Dimensionierung des Riggs über eine ausreichende Navigationsausrüstung bis hin zu Rettungswesten und Rettungsinsel. Und dann gibt es noch viele Tricks, die aus der langen Erfahrung von Seglern hervorgegangen sind.

Bullenstander

Ein Bullenstander soll verhindern, daß der Großbaum bei Kursen vor dem Wind plötzlich zur anderen Seite schlägt. Man nennt das ungewollte Manöver Patenthalse, obwohl es überhaupt nicht patent ist. Der Bullenstander wird in der Regel am Ende des Baumes befestigt und dann stramm auf einer der Klampen am Bug belegt. Gefährlich kann es werden, wenn für einen Kurswechsel ein Crewmitglied bei viel Wind zum Bug gehen muß, um die Leine dort zu lösen.

Bulle 1

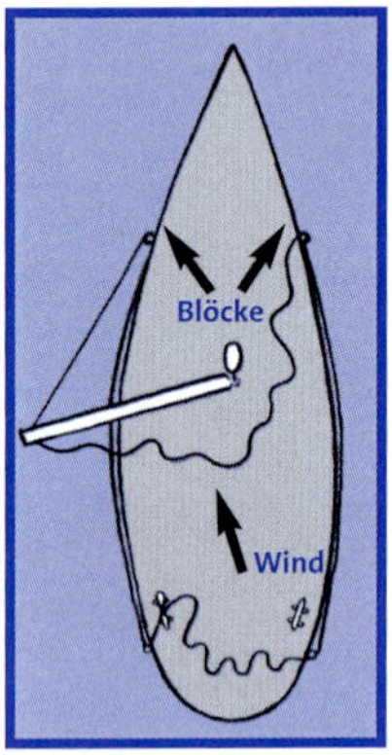

Das Benutzen eines sogenannten endlosen Bullenstanders ist ein Beitrag zur Sicherheit an Bord. Die Leine dafür sollte die dreifache Schiffslänge haben. Benötigt werden für den endlosen Bullenstander auch noch vier Blöcke, von denen zwei an der Backbord- und Steuerbordfußleiste vor dem Mast und zwei hinter den Achterklampen angebracht werden. Beim Anschlagen der Leine werden die beiden Enden durch die hinteren Blöcke zu den beiden vorderen Blöcken geführt. Die Enden befestigt man an der Baumnock. Kommt der "Bulle" zum Einsatz wird die Leine auf der Leeseite dichtgeholt und belegt. In einer Halse wirft man die Leine los und holt sie auf der gegenüberliegenden Seite dicht. Wenn der Bullenstander auf Kursen hoch am Wind oder bei halben Wind nicht benötigt wird, zieht man die Leinen stramm und verstaut sie im Cockpit.

Bulle 2

Zwei Taljen jeweils an Backbord und Steuerbord auf dem Deck in Höhe des Mastes befestigt und am Baum als Baumniederholer fixiert, ersetzen nicht nur einen Bullenstander, sie können auch als Baumniederholer genutzt werden. Da die Taljen mit Hilfe der Schotwinsch dichtgeholt werden können, reicht eine einfache Übersetzung aus. Bei dieser Lösung zu bedenken ist eine ausreichende Unterfütterung des Augbolzens an Deck, denn die auftretenden Kräfte können sehr groß sein.

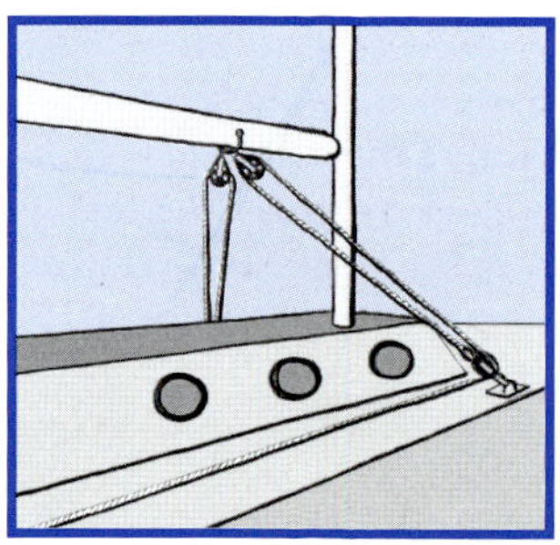

Bulle 3

Auf längeren Kursen, bei der die Sicherheit an Bord durch einen Bullenstander erhöht werden soll, kann auch der Baumniederholer zum “Bullen” umfunktioniert werden. Um ihn auf Baumhöhe auf der Leeseite in die Fußreling befestigen zu können, ist ein passender Schnappschäkel nötig. Zu bedenken: Die normale Länge des Baumniederholers reicht in der Regel nicht aus. Wichtig ist auch, daß der als Bullenstander genutzte Niederholer aus Sicherheitsgründen vom Cockpit aus losgeschmissen werden kann.

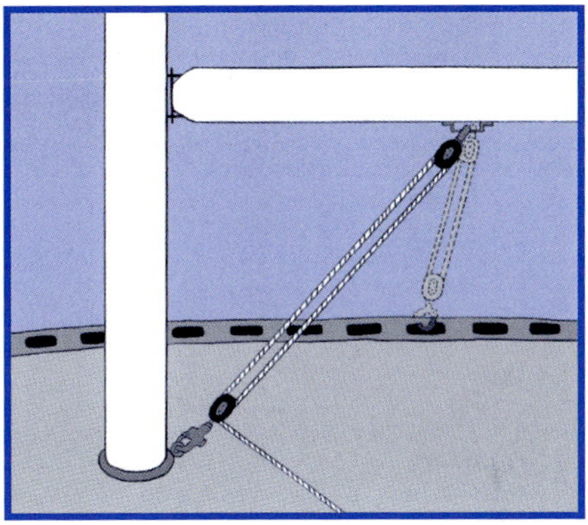

Rollfock klemmt

Ein Alptraum jedes Skippers: Die Rollfock läßt sich nicht mehr einrollen und der Wind nimmt zu, oder das Hafenmanöver steht unmittelbar bevor. Hilfe bringt das Spinnakerfall oder ein zweites ungenutztes Fockfall. Das Schiff wird für das Manöver mit dem Bug in den Wind gelegt. Mit einer der Leine kann nun das schlagende Vorsegel gebändigt werden. Dafür stellt man sich unmittelbar an das Vorstag und beginnt die Fock mit vielen Schlaufen zu umwickeln. Am besten gelingt es, wenn ein zweites Crewmitglied am anderen Ende des Falls in dem Maße lose gibt, wie es für das Umwickeln gerade nötig ist. So kann die Leine stramm um das Segel gewickelt werden. Möglich ist es auch, mit diesem Trick ein normales Vorsegel zu bändigen, wenn das Fockfall klemmt.

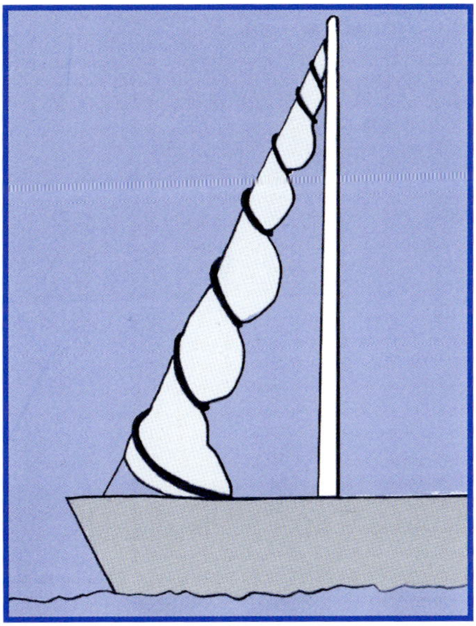

Großsegel klemmt

Alptraum Nummer zwei: Das Großfall klemmt und kann nicht geborgen werden. Erste Hilfe leistet in diesem Notfall das Vorsegelfall. Bevor man jedoch beginnt, das Segel mit der Leine zu umwickeln, muß die Dirk so stark dichtgeholt werden, daß der Großbaum in den Himmel weist. Je steiler der Baum nach oben zeigt, um so leichter läßt sich das Segel mit dem Fall einfangen. Wie schon beim Vorsegelbergen, wird auch das Groß mit möglichst vielen Schlaufen eng an den Mast gebunden. Auch bei diesem Manöver muß man mit dem Bug in den Wind gehen.

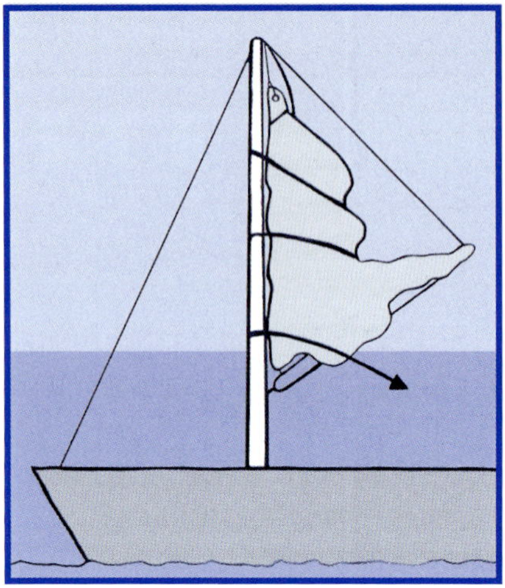

Hilfsmotor

Wenn der Dieselmotor seinen Geist aufgibt, ist der Außenborder des Beibootes mindestens für Hafenmanöver gut. Seinen Platz erhält er an der Badeleiter. Einige Segler haben damit gute Erfahrungen gemacht. Die einfachste Möglichkeit, den Motor an der Leiter anzubringen, beginnt mit der 180-Grad-Drehung seiner Halterung. Der Außenborder wird dann an der halb abgeklappten Leiter durch den Zwischenraum der letzten beiden Sprossen gesteckt und an der untersten Sprosse mit der Spiegelhalterung angeschraubt. Mit Leinen wird die Leiter dann samt Motor fixiert. Damit der Motor beim Gasgeben mit seiner Oberseite nicht gegen die Heckleiter gedrückt und beschädigt werden kann, sollte ein kleiner Fender zwischen Motor und Leiter eingeklemmt werden.

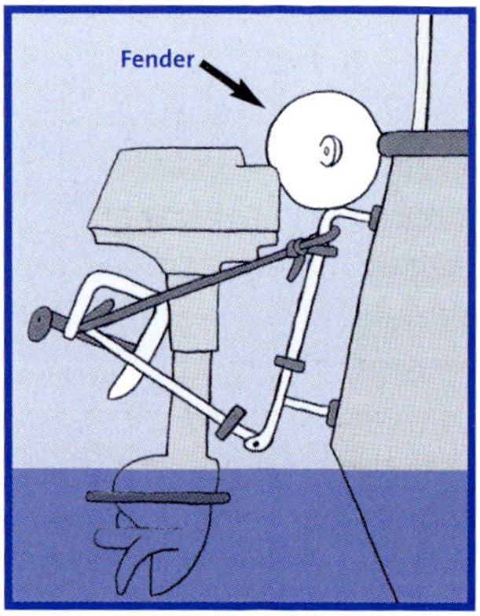

Spanische Winde

Der Bootshaken in Verbindung mit dem größten Schraubenzieher an Bord und eine kräftige Leine haben schon so manch einen Skipper davor bewahrt, die durch einen Überläufer auf der Winsch festgelaufene Vorschot mit einem scharfen Messer durchtrennen zu müssen. Hilfe verspricht die aus den oben genannten drei Teilen gebastelte Spanische Winde. Man beginnt damit, die Leine mit einem Palstek im Auge des Vorsegels zu befestigen. Dann wird sie zwei-, dreimal so um den Bootshaken gewickelt, daß für den Schraubenzieher eine Bucht frei bleibt. Das andere Ende der Leine muß dann an der Heckklampe oder in der Fußreling belegt werden. Durch das Aufwickeln der Leine auf den Bootshaken mit Hilfe des als Hebel wirkenden Schraubenziehers kann die Spannung aus der Schot ge-nommen werden. Vorsicht: Es können gewaltige Zugkräfte entstehen. Deshalb muß der Bootshaken auch aus Vollholz oder einem sehr starken Rohr bestehen. Am besten wird das ganze von zwei Crew-Mitgliedern bewerkstelligt.

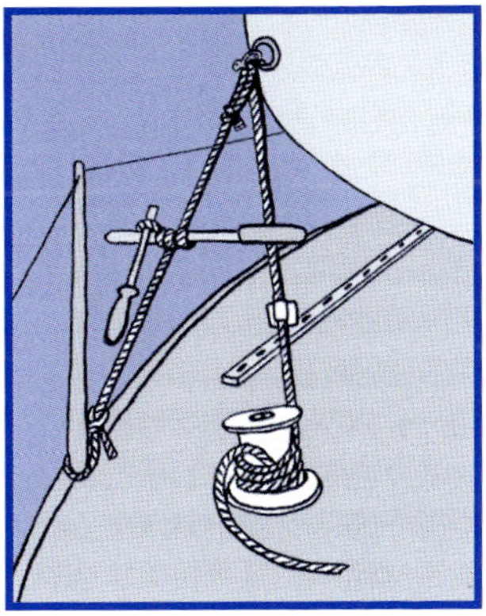

Schlagschutz

Das ist die Erfindung eines Seglers, der bei schlagendem Vorsegel von der scharfen Kante eines Schäkels verletzt wurde. Er hat den Schäkel, mit dem die Vorschot am Vorsegel befestigt ist, mit einem Gummischlauch entschärft. Damit der Schlauch über den Schäkel gestülpt werden kann, muß er für das Achterliek des Segels eingeschnitten werden. Um den Schlauch zu sichern, wird er mit einem kurzen Bändsel am Schäkel festgebunden. Dafür bohrt man ein kleines Loch in den Gummischlauch.
Ein verpackter Schäkel kann den Lack von Mast oder Rumpf nicht verkratzen, auch wenn er dagegenschlagen sollte.

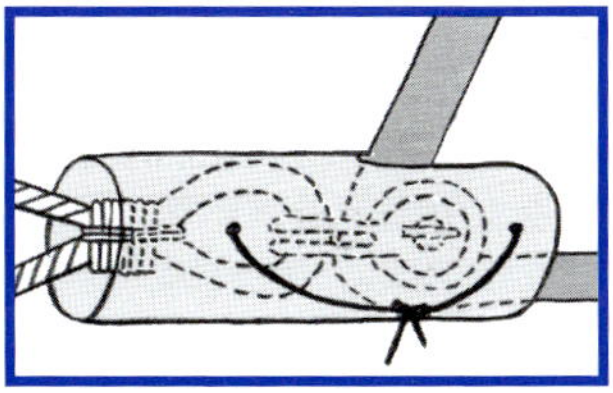

Motorpumpe

Zur Ausrüstung einer jeden Jacht gehört eine Lenzpumpe. Ganz findige Segler benutzen als zweite Lenzpumpe für den Notfall die Kühlwasserpumpe des Bootsdiesels. Die Pumpen schaffen in der Regel über 50 Liter in der Minute als Dauerleistung, mehr als jeder Segler beispielsweise mit einer Handpumpe aus dem Rumpf schaffen kann. Zur Aufrüstung der Kühlwasserpumpe wird ein Wasserschlauch, ein T-Stück, ein Absperrventil sowie ein engmaschiger Lenzkorb (damit keine Fremdkörper in die Wasserkühlung des Motors gesaugt werden) benötigt. Wie schon die erste Lenzpumpe sollte auch der Lenzkorb der neuen Motorpumpe in der tiefsten Stelle der Bilge seinen Platz finden. Von dort wird der Schlauch an die Leitung der Wasserkühlung geführt – am besten in der Nähe des Seeventils, damit man es schnell schließen kann, bevor das Ventil am T-Stück zur Bilge geöffnet wird. Im Normalfall wird man die zur Lenzpumpe erweiterte Kühlwasserpumpe kaum benutzen, aber bei Wassereinbruch kann sie Crew und Schiff retten.

Schlepphilfe

Wenn eine Segeljacht bei Seegang und viel Wind abgeschleppt werden muß, fürchtet der Eigner mit Recht um den Bestand der Klampen am Bug. Auch die Belastung für den Mast kann zu groß werden, wenn er als Befestigung für die Schleppleine genutzt wird – besonders, wenn es sich nicht um einen Steckmast handelt. Die sicherste Lösung ist, den Kiel als Befestigungspunkt zu nutzen. Dafür benötigt man einen dicken Tampen, der im Bereich der Kielkante mit einem Gewebeschlauch vor dem Durchscheuern geschützt werden sollte. Die Schlepphilfe sollte so lang sein, daß die beiden Enden in einen großen Schäkel geknotet werden können, der sich vor dem Bug befindet. In diesem Schäkel wird dann die Leine zum schleppenden Fahrzeug befestigt. Mit zwei kurzen Leinen, die man auf die Festmacherklampen im Bugbereich belegt, wird die Schlepphilfe in Position gehalten.

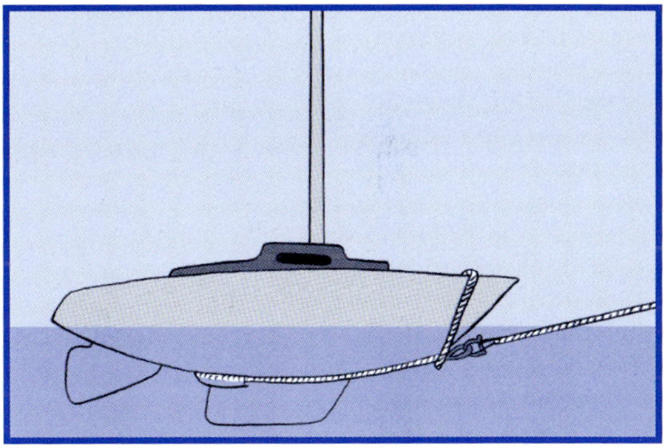

Weiterbildung

Wie kann ein Skipper erreichen, daß seine Crew sorgfältig die Bedienungsanleitungen von wichtigen Geräten und Rettungsmitteln liest? Ganz einfach. Sie müssen dort aufgehängt werden, wo der Mensch ungestört Zeit hat, sie zu lesen: Auf der Bordtoilette. Einige Eigner haben damit beste Erfahrungen gemacht. Allerdings sollten nur Kopien der Gebrauchsanleitungen in Blickrichtung und Sichtweite des Benutzers des stillen Örtchens an die Wand geklebt werden. Die Orginale sollten im Ordner "Gebrauchsanweisungen" bleiben, damit man nicht immer in die Naßzelle gehen muß, um sie lesen zu können.

Eine Hand für das Schiff, die andere für den Mann. Wenn jemand alleine segelt, spricht man vom Einhandsegler. Immer mehr Eigner probieren es, und es kann wirklich ein Vergnügen ohne Streß sein, denn man muß auf niemanden Rücksicht nehmen. Allerdings sollte ein Einhandsegler sein Boot in allen Situationen sehr gut beherrschen können.

Es gibt viele technische Hilfsmittel, die das Alleinsegeln erleichtern – zum Beispiel elektrische Autopiloten und Windselbststeueranlagen. Einhandsegeln ist jedoch auch ohne diese Anschaffungen möglich. Es gibt einige einfache Methoden, um beispielsweise Kurs zu halten, ohne daß jemand an der Pinne steht. Tips gibt es in diesem Kapitel auch für An- und Ablegemanöver mit kleinster Crew, denn das können Manöver sein, die auch schon so manch einen erfahrenen Einhandsegler kräftig zum Schwitzen gebracht haben.

Kurs halten

Dies ist eine Pinnenarretierung der einfachen Art. Man muß kein großartiger Handwerker sein, um sie zu verwirklichen; darüber hinaus ist sie billig. Es reichen eine kurze Leine mit einem Auge und ein Gummischlauch – das kann auch ein Stück Gartenschlauch sein. Dieser Schlauch sollte auf die Leine gesteckt werden. Damit er nicht rutschen kann, fixiert man ihn am besten mit Knoten in der Leine an beiden Seiten. Zur Arretierung werden Leine und Schlauch mit dem Auge über eine Achterklampe gelegt, über die Pinne geführt und stramm auf der gegenüberliegende Klampe belegt. Durch die hohe Reibung des Gummischlauches wird die Pinne in jeder gewünschten Position gehalten.

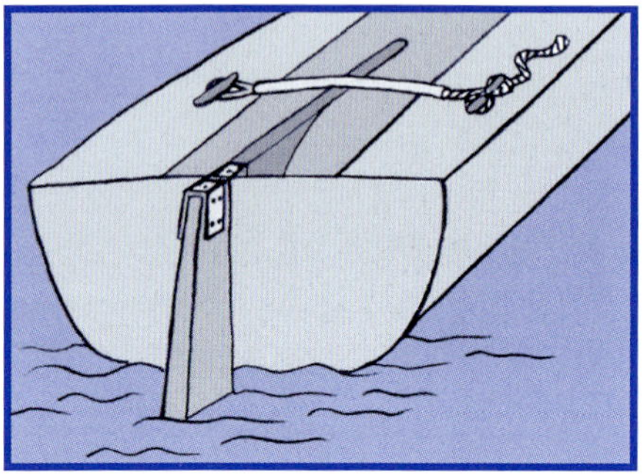

Zwei-Leinensystem

Zwei kurze Leinen, je mit einem Auge versehen, auf beiden Achterklampen belegt und zwei Curry-Klemmen quer nebeneinander auf der Pinne angebracht, sind eine weitere kostengünstige Lösung einer Pinnenarretierung. In der Praxis hat sich erwiesen, daß ihre Handhabung einfacher ist, wenn die Leinenverbindungen teilweise aus kräftigen Gummizeisigen bestehen. Durch diese Zeisige kann der Kurs jederzeit kurzfristig per Hand korrigiert werden, ohne daß die Verbindung gelöst werden muß.

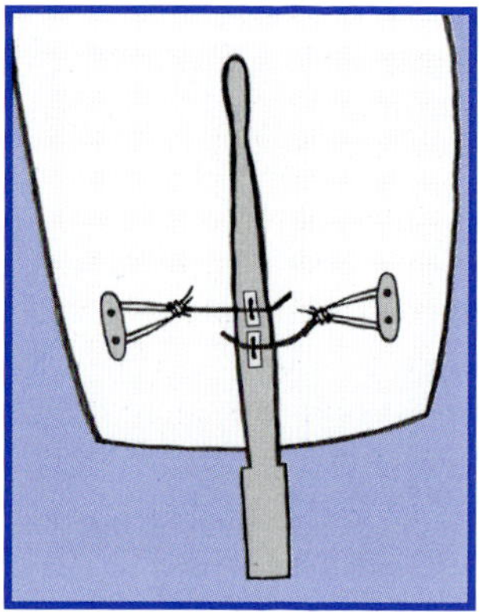

Kurs halten

Durch den großen Reibungswiderstand eines stramm gespannten Gummizeisigs funktioniert eine weitere Pinnenarretierung. Dafür muß jedoch in das Ende der Holzpinne eine waagerechte Kerbe geschnitten werden, durch die der Gummistropp laufen soll. Der Stropp wird mit je einer kurzen Leine verbunden, die mit Augen um die Achterklampen gelegt werden. Die Länge muß so bemessen sein, daß genügend Spannung aufkommt. Vorteil dieser Selbststeuerhilfe: Sie ist sehr schnell zu lösen und wieder einzusetzen.

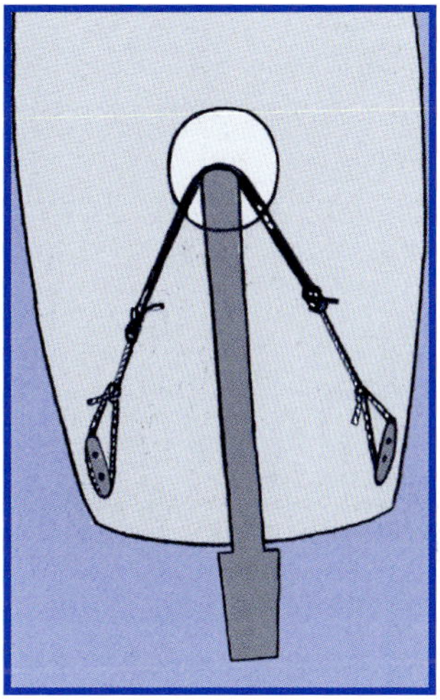

Fernsteuerung

Manchmal muß sich der Einhandsegler zum Bug begeben. In der Regel wird dann die Pinnenarretierung oder eine Selbststeueranlage benutzt. Wenn von dieser Bugposition der Kurs geändert werden soll, hilft in der Regel die Fernbedienung des elektrischen Steuermannes. Steuern kann man jedoch auch mit Hilfe einer langen Leine und eines Gummizeisigs. Beides muß am Kopf der Pinne befestigt werden. Das Gummiband, mit einem Ende auf der Klampe belegt, sollte auf geradem Kurs so stark unter Spannung stehen, daß es die Pinne anzieht. Damit das nicht geschieht, wird eine Leine, die von der Pinne durch einen Block am Heckkorb zum Bug geführt wird, unter Zug gesetzt. Mit dieser Leine läßt sich dann ganz exakt vom Bugbereich aus steuern.

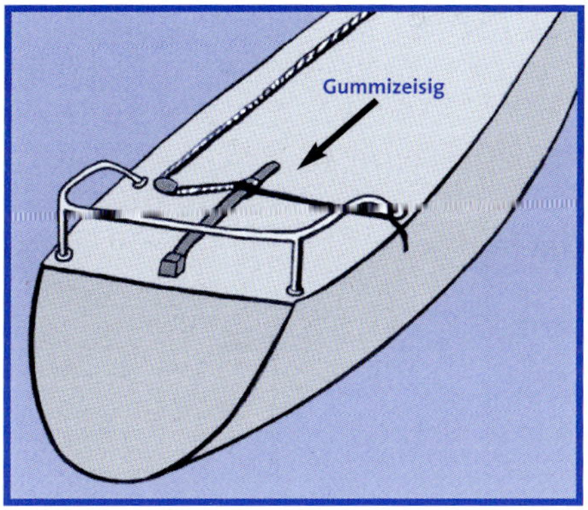

Anlegen ohne Anstoßen

Seitenwind bei An- oder Ablegemanövern kann Alleinseglern das Leben schwer machen, denn sein Boot wird

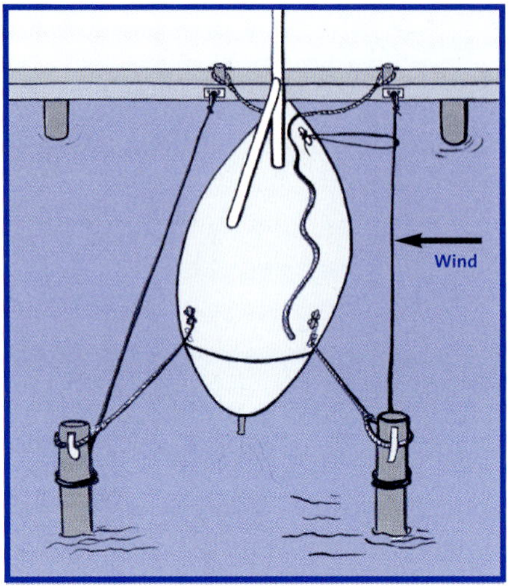

leicht gegen andere Jachten oder den Steg gepreßt. Es fehlt die Crew, die das Boot abhält. Der Einhandsegler sollte deshalb seinen Liegeplatz ganz besonders präparieren. Als wichtigste Hilfe haben sich zwei Leinen, stramm von den Pollern zum Steg gespannt, erwiesen. Sie sorgen dafür, daß das Boot sozusagen in der Spur bleibt. Ein Anlegemanöver wird weiter erheblich durch passend gemachte achterliche Festmacher erleichtert, die nur noch über Poller und Klampe gelegt werden müssen und durch ihre Länge ein Anstoßen des Bugs am Steg verhindern. Die beiden Vorleinen sollten so lang sein, daß sie an Land belegt fast bis zum Poller reichen. Es empfiehlt sich, die vorderen Festmacher während der ganzen Saison am Steg zu lassen.

Bei Anlegemanövern mit stärkerem Seitenwind sollte der Einhandsegler nur die luvwärtige Achterleine belegen und durch den Motor ein wenig Fahrt im Schiff lassen. Die gespannte Leeleine führt das Boot auch ohne Rudergänger zum Steg. Bevor er sich zurück zum leewärtigen Poller zieht, empfiehlt es sich, einen Tampen um die vom Luv-Poller zum Steg gesteckte Leine zu legen, ihn stramm durchzuholen und mit beiden Enden auf der Bugklampe zu belegen. Das entlastet den Druck auf die vom Poller zum Steg gespannte Leeleine. Ist auch der Leepoller belegt, kann man sich an der langen Luvvorleine Richtung Steg ziehen und beide Vorleinen belegen.

Anlegehaken

Immer mehr Eigner haben ihre Boxenplätze mit den von den Pollern zum Steg führenden Leinen präpariert. Ein Umstand, der Alleinseglern als Gast in fremden Häfen das Anlegen erleichtern kann. Ein wichtiges Hilfsmittel für ein streßloses Anlegemanöver ist bei Seitenwind eine etwa zwei Schiffslängen messende Leine mit einem größeren Stahlhaken. Diese Leine wird mit einem Block an der luvwärtigen Bugklampe befestigt. Haken und Leinenende finden ihren Platz außen um die Wanten herumgelegt in Griffnähe des Steuermannes. Sobald er den achterlichen Luvfestmacher über den Poller geworfen hat, sollte er zügig den Haken über die luvwärtige Leinenverbindung vom Poller zum Steg hängen und die Leine dichtholen. Beim Anlegen gleitet die Jacht vom Haken an der Leine geführt nach vorn. Bei größeren Booten kann die Leine mit dem Haken über eine Winsch dichtgeholt werden.

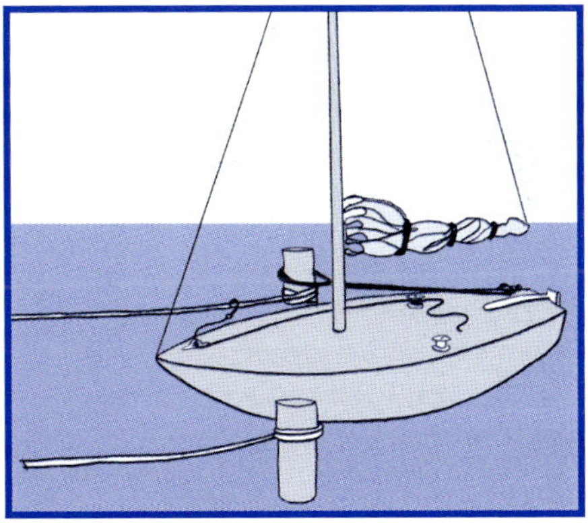

Führungsleinen

Werden die beiden Leinen von den Heckpfählen zum Steg über Kreuz gelegt, entsteht eine richtige Führung für das Boot zum Steg. Durch die auf das Boot abgestimmte Größe des Zwischenraumes beider Leinenenden am Steg hat man sogar die Möglichkeit, zu verhindern, daß der Bug den Steg berühren kann. Wer ganz sicher gehen will, kann sich einen Langfender an den Steg binden, um auf jeden Fall Schäden zu vermeiden, falls es doch zu einer Berührung kommen sollte. Wenn die Jacht richtig fest gemacht ist, müssen die Fangleinen allerdings so abgebunden werden, daß sie nicht am Rumpf scheuern können. Auf Dauer würden sie das Gelcoat oder die Farbschichten beschädigen.

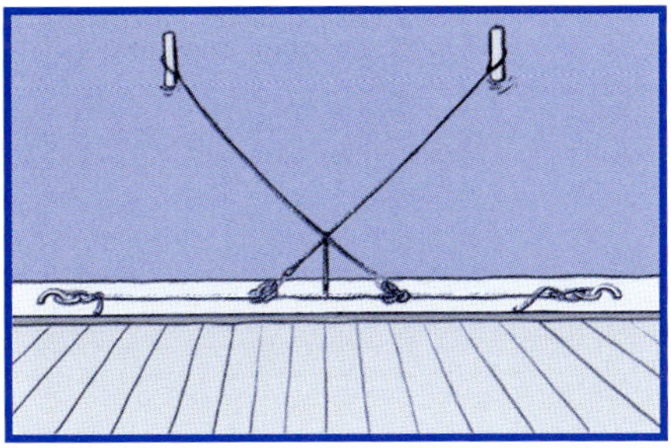

Ein Mann, ein Anker

Eigentlich ist das Ankermanöver für einen Alleinsegler nicht schwierig. Er muß sich bei stärkerem Winden nur ein wenig beeilen, damit das Boot nicht zu weit vom vorgesehenen Platz wegtreibt, bis der Anker faßt. Aber auch bei Strömung und etwas mehr Wind kann ein Einhandsegler "gezielt" in aller Ruhe ankern, wenn er sich so etwas wie eine Ankerspring baut. Das ist nichts weiter als eine Leine von mindestens zweifacher Schiffslänge, an deren einem Ende ein großer Schäkel befestigt wird. Der soll ohne zu haken über die Ankerkette rutschen können. Damit der Alleinsegler beim Ankermanöver nicht das Ruder und die Motorbedienung verlassen muß, werden Anker und Ankerspring frühzeitig ins Cockpit gebracht, und der Schäkel der Spring um die Kette gelegt. Dann wird das Ende der Spring außerhalb der Reling nach vorn und durch den Bugkorb wieder zurück ins Cockpit geführt. Ist der Ankerplatz erreicht, fiert man den Anker zum Grund und gibt Lose, um dann die Ankerspring durchzuholen. So zieht sich der Bug in den Wind. Nach weiterem Durchholen der Spring – das kann durchaus mit der Winsch geschehen – wird es möglich sein, die Ankertrosse am Bug auf eine Klampe zu belegen.

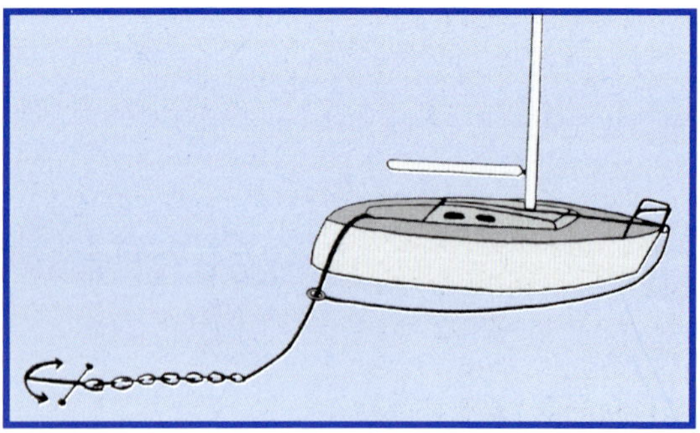

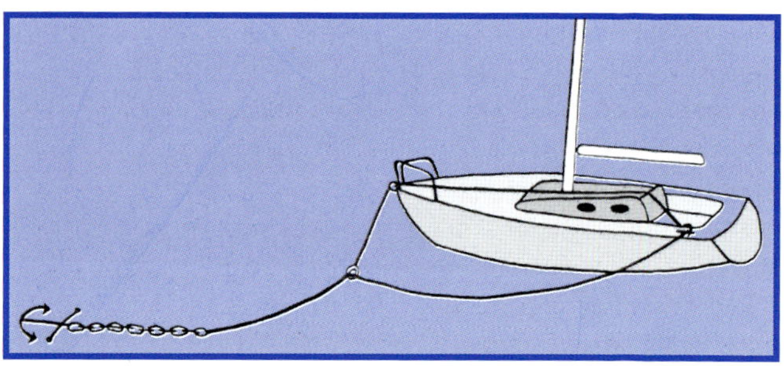

Schleusenleine

In der Schleuse muß es nicht nur schnell gehen, die Länge der Festmacher müssen auch dem veränderten Wasserstand angepaßt werden können. Für Einhandsegler kann das ein Problem werden. Es gibt allerdings die Möglichkeit, mit einer Leine, die durch den Block der Genuaschiene mitschiffs geführt wurde, das Schiff vom Cockpit aus zu halten und bei Bedarf Lose zu geben oder die Leine durchzuholen. Notwendig ist dafür aber eine gute Abfenderung des Rumpfes, und der Festmacher muß ein Auge haben. In Form einer großen Leinenbucht wird der Festmacher vom Block über die Schleusenklampe und dann über der Reling ins Cockpit geführt. Je nach Wasserstand ist die Lassoschlaufe größer oder kleiner. Soll der Festmacher gelöst werden, läßt man ihn einfach durch das Auge rauschen.

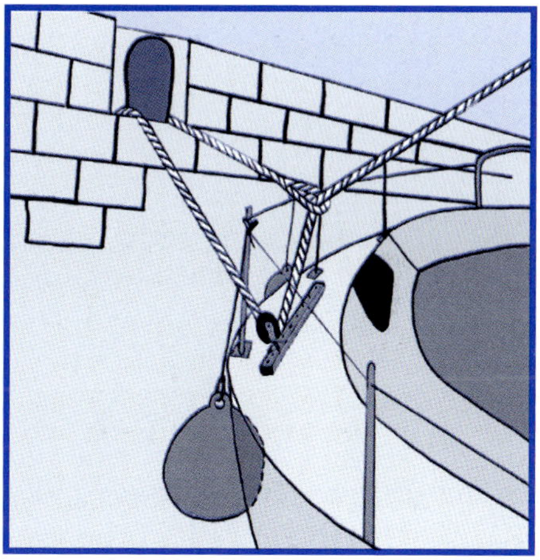

Dauerlösung

Fender abbinden und verstauen, Fender holen und anbinden. Ein sich ständig wiederholendes Spiel auf Törns, das nicht nur Alleinseglern auf die Nerven gehen kann. Wer sagt eigentlich, daß die Fender nicht am Relingszaun hängen bleiben dürfen? Es gibt die Möglichkeit, sie so festzubinden, daß sie bei Nichtgebrauch fast so etwas wie eine feste Verbindung mit der Reling eingehen. Die Langfender müssen dafür außen an dem unteren Relingsdraht befestigt werden und dann über den oberen Draht nach innen gehoben werden. Die Länge der Leinen sollte so gewählt werden, daß der Fender den unteren Relingsdurchzug berührt. Das ist auch fast immer die richtige Länge, um mit ihm nach dem Überheben den Rumpf zu schützt. Falls sich bei Seegang die Fender zu stark bewegen, können sie mit einem Gummizeisig am Relingsdraht fixiert werden.

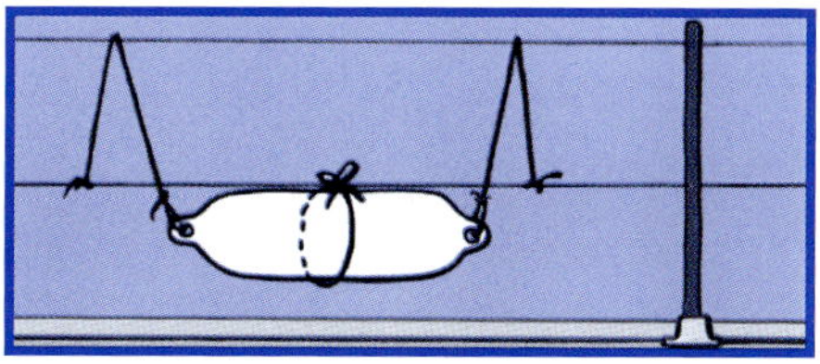

Fenderspiel

Ein Tip für alle, die es entweder wie Einhandsegler eilig haben, um schnell wieder ans Ruder zu gelangen oder die einfach zu faul sind, jedesmal den Fender anzubinden: Am Ende der Fenderleinen wird ein Stagreiter geknotet. Je nach gewünschter Höhe des Fenders am Rumpf wird der Stagreiter am oberen oder unteren Relingsdraht eingehakt. Nach der Umrüstung des Vorsegels auf eine Rollfock gibt auf vielen Jachten überflüssig gewordene Stagreiter.

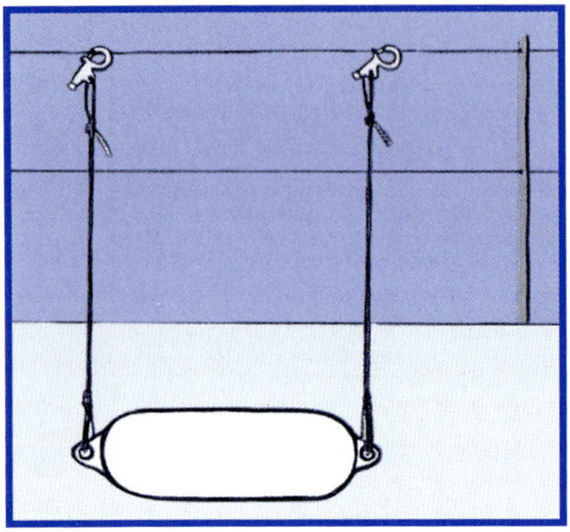

Vorsegel bergen

Die meisten Einhandsegler benutzen aus praktischen Erwägungen ein Rollvorsegel. Wer weiterhin ein Segel mit Stagreitern am Vorstag fährt, kann es vom Cockpit mit einem Niederholer bergen. Der Niederholer ist eine dünnere Leine, die am Segelkopf befestigt und dann durch die Stagreiter zum Deck geführt wird. Dort sorgt ein Block für eine Umlenkung ins Cockpit. Wird jetzt das Fockfall gelöst, kann der Einhandsegler vom Cockpit aus den Niederholer bedienen und das Segel bis zum Deck herunterziehen. Werden die Schot und der Niederholer stramm durchgesetzt, ist das Segel sogar soweit fixiert, daß es nicht mehr auswehen kann.

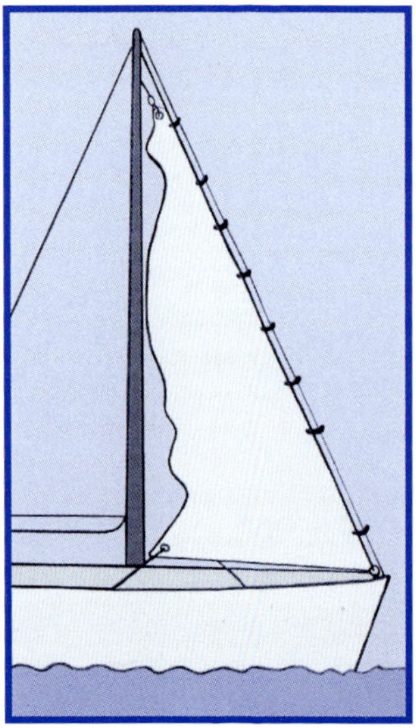

Das Cockpit eines Segelbootes muß unterschiedlichste Ansprüche erfüllen. Es ist Arbeitsplatz – auch in extremen Situationen – und es ist Wohnbereich – in warmen Sommernächten manchmal sogar Schlafplatz. Dabei sind die Abmessungen auch bei grösseren Jachten in der Regel eher klein. Bei der Ausstattung des Cockpits haben einige Eigner Ideen umgesetzt, mit denen die verschiedenen Aufgaben besser gelöst werden können.

Aufgetischt

Auf ein Frühstück im Cockpit will bei gutem Wetter kaum eine Crew verzichten und nicht nur durch Kaffee und Ei bringt ein Cockpittisch Komfort an Bord. Gerade auf kleineren Jachten macht der Tisch aber Probleme, wenn es um das Verstauen geht. Er muß groß genug sein, damit mindestens vier Personen an ihm Platz finden, aber gleichzeitig klein genug, um ohne Schwierigkeiten in der Backskiste verschwinden zu können. Und Auf- und Abbau müssen schnell gehen. Außerdem sollten alle Halterungen aus dem Cockpit verschwinden, wenn der Tisch verstaut ist, denn Haken oder andere Befestigungsteile stören in der Regel beim Segeln.

Die einfachste Lösung ist ein Campingklapptisch. Gut aber sehr teuer sind abnehmbare Jacht-Klapptischhalterungen aus Aluminium, die an den inneren Cockpitrand geschraubt werden.

Pinnenhalterung

Wer sein Boot mit einer Pinne steuert, hat damit praktisch so etwas wie ein Tischbein zur Verfügung. Falls die Pinne gebogen ist, muß die vorgesehene Tischplatte von unten mit Holzkeilen (mit Epoxy ankleben) unterlegt werden, so daß der Tisch bei heruntergeklappter Pinne waagerecht auf dem "Steuerknüppel" liegt. Ein derartigen Keil sollte u-förmig ausgesägt auf die Pinne gesetzt werden. Fixiert wird die Tischplatte durch ein breites Querblech, das mit Hilfe von zwei Flügelmuttern an die Pinne geklemmt wird. Tische dieser Art halten am besten auf viereckigen Holzpinnen.

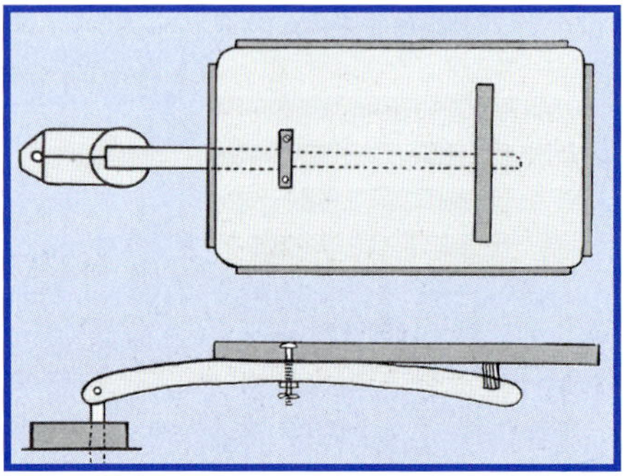

Leistenhalterung

Drei Holzleisten und ein kräftiges Türscharnier aus Metall sorgen für den Halt dieses Cockpittisches. Der Tisch, der seinen Platz über der Pinne oder unter dem senkrecht nach oben geklappten Steuerknüppel finden kann, bekommt durch zwei Leisten am Heckkorb Halt. Sie werden exakt in so einem Abstand unter die Tischplatte geschraubt, daß sie unter Spannung im Heckkorb eingeklemmt werden können. Die dritte Leiste wird als Tischbein genutzt. Sie schraubt man mit dem Scharnier an der zur Kajüte weisenden Seite des Tisches mittig an. Dieses Bein kann beim Verstauen weggeklappt werden. Am besten hält der Tisch, wenn es eine Würfelgräting am Cockpitfußboden gibt, in die das Bein eingeklemmt werden kann.

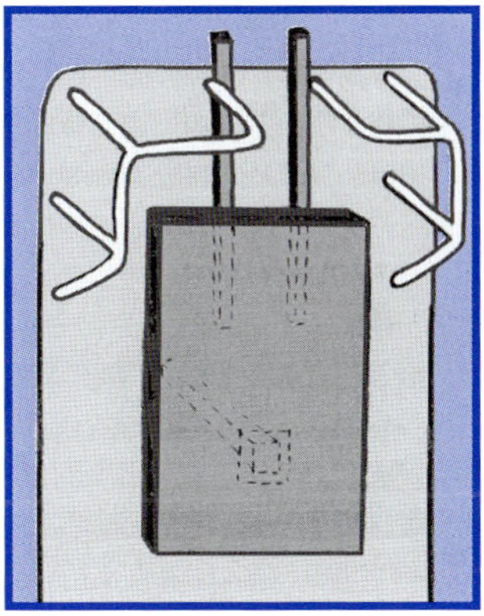

Beinfreiheit

Ein Cockpittisch mit Beinfreiheit wird mit einer Leine durch den in die Mitte gesetzten und durch die Dirk gesicherten Großbaum gehalten. Dafür wird ein kräftiger Augbolzen in die Tischplatte geschraubt. Fixiert wird die Platte durch zwei am achteren Cockpitende aufgeschraubte Holzleisten. Der Abstand zwischen den Latten muß so groß sein, daß sie die Tischplatte einklemmen. Weitergehend gesichert wird die Platte durch zwei Schieberiegel, die an der oberen Holzleiste angebracht sind und in Löcher der Oberfläche des Tisches fassen. Vorsicht beim Aufstehen, wenn der Tisch aufgebaut ist: Man kann sich leicht den Kopf am Großbaum stoßen.

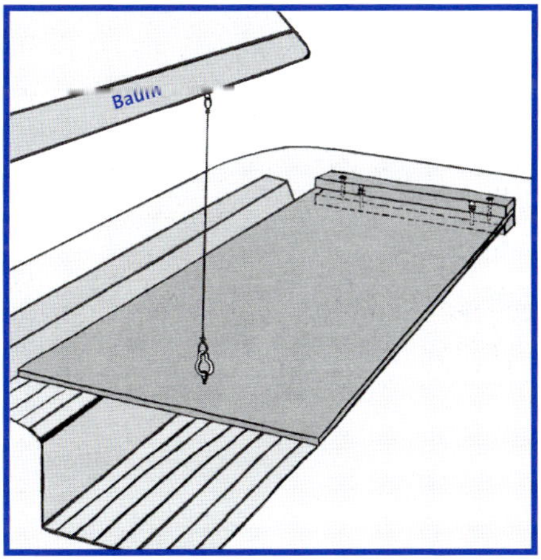

Traveller-Halterung

Wer eine Jacht hat, bei der eine Travellerschiene das Cockpit teilt, wird sich manchmal das Schienbein stoßen, hat aber eine gute Grundausstattung für einen Tisch. Zwei kurze, aus Brettern bestehende Tischbeine werden so auf ihrer Unterseite ausgesägt, daß die Aussparungen auf die Travellerschiene gesetzt werden können. Auf der Unterseite der Tischplatte werden die Beine mit Scharnieren befestigt. Damit sie nicht zusammenklappen können, sollten sie mit Fensterausstellern (Baumarkt) fixiert werden. Zur weiteren Abstützung des Tisches benutzt man ein klappbares Bein, das auf dem Boden des Cockpits steht.

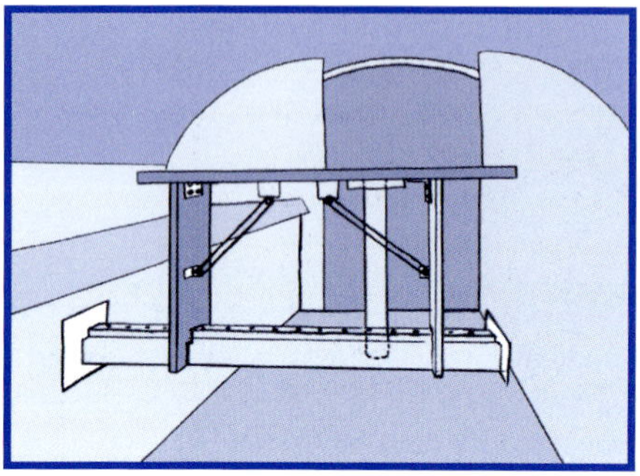

Schwertkastentisch

Auf Wanderjollen finden Klapptische am besten auf dem Schwertkasten ihren Platz. Um die Tischplatte besser verstauen zu können, sollte sie durch ein sogenanntes Stangenscharnier in der Mitte zusammenklappbar sein. Die Auflage auf dem Schwertkasten erfolgt durch zwei hölzerne T-Stücke, deren senkrechter Teil aus zwei Brettchen besteht, die auf den Schwertkasten gesetzt werden können. Die waagerechten Teile werden mit Bolzen und Flügelschrauben an der Unterseite des aufgeklappten Tisches befestigt.

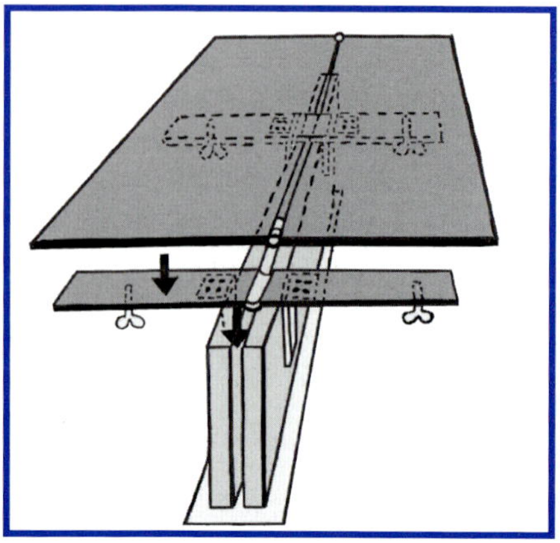

Steckschott-Tisch

Sozusagen für den kleinen Hunger unterwegs gibt es die Tischlösung auf dem Steckschott im Niedergang. Besonders geeignet ist sie für teilbare Steckschotts. Der Tisch findet seinen Platz auf dem ersten Schottbrett. Die Beine der Tischplatte bestehen aus zwei Brettern, deren ausgesägte Aussparung auf das Schott gesetzt werden. Man befestigt die "Beine" mit Scharnieren. Sie sollten allerdings so angebracht werden, daß sie nach außen geklappt werden können. Jetzt ist zwar die Fläche größer, die es zu verstauen gilt, aber sie ist dafür sehr flach. Da der Tisch auch beim Segeln benutzt werden kann, sollte die Platte mit einem erhabenen Rand versehen werden, damit auch bei Schiffsbewegungen die Gegenstände nicht leicht herunterfallen können.

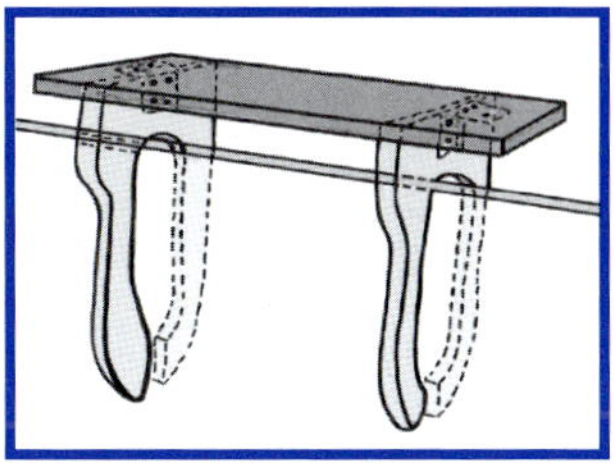

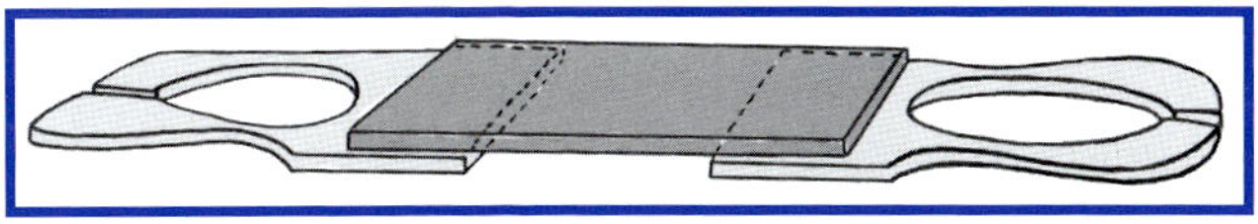

Tablett-Tisch

Für die kleine Mahlzeit zwischendurch hat sich auch ein Tablett als gute Abstellmöglichkeit im Cockpit erwiesen, das auf Grund seiner Abmessungen zwischen den beiden Duchten des Cockpits sicher eingeklemmt werden kann. Manchmal findet man im Handel ein Tablett, das die richtigen Abmessungen hat. Ansonsten muß man es sich selber bauen. Auch hier sollte ein erhöhter Rand nicht vergessen werden. Wer die beiden an den Duchten anliegenden Ränder mit einem Gummirand (Dichtungsband) versieht, kann sicher gehen, daß es keine Kratzer gibt. Passend gesägte Löcher für Kanne, Becher und Teller lassen auch eine Benutzung bei Lage zu.

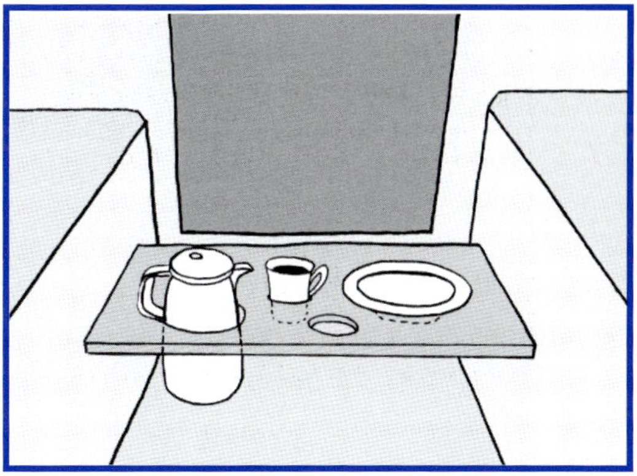

Abgestützt mit und ohne Gräting

Wenn die Jacht hoch am Wind kräftig Lage schiebt, kann es für kleinere Crew-Mitglieder ungemütlich im Cockpit werden. Sie finden mit den Füßen keinen Halt. Da hilft eine Fußstütze. Wenn sie direkt in der Mitte des Cockpitbodens installiert wird, muß sie gut unterfüttert werden. Am einfachsten ist der Anbau, wenn das Cockpit eine Gräting hat. Als Fußstütze fungiert eine etwa zehn Zentimeter hohe, kräftige Hartholzleiste, deren obere Kante abgerundet werden sollte. Die Leistenlänge wird individuell festgelegt.

Da die Stütze große Kräfte aufnehmen wird, sollte sie mit einem Brett unter der Gräting mit Schrauben fixiert werden. Um die Gräting trotzdem plan auf dem Cockpitboden legen zu können, werden kleine Hartgummisockel (Baumarkt) untergeschraubt. Sechs bis acht dieser rutschfesten Sockel reichen aus. Das hat übrigens noch einen weiteren Vorteil: Beim Reinigen des Cockpits, kann so das Wasser besser abfließen.

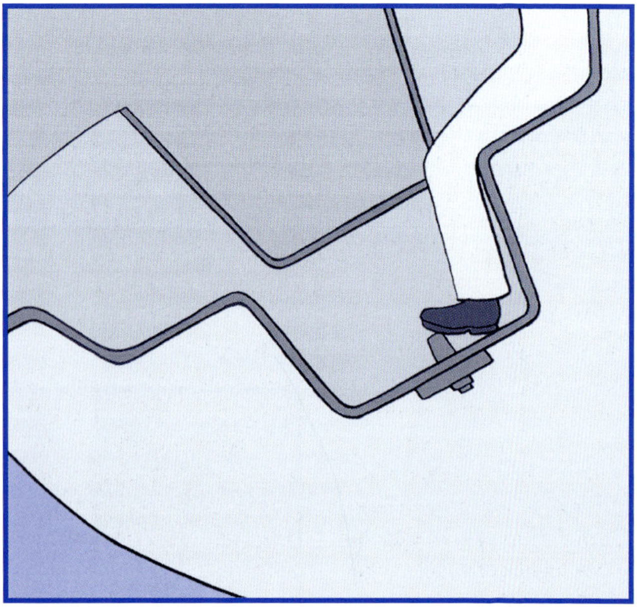

Abbaubare Fußstütze

Eigner, die nur im Bedarfsfall eine Fußstütze im Cockpit einsetzen wollen, können sie sich aus vier Holzteilen bauen. Zwei der Bretter werden quer gelegt und mit Zapfen am Boden des Cockpits fixiert. Die anderen beiden fungieren als Fußstützen. Gehalten werden sie durch schräge Nuten in den quer liegenden Brettern und passenden Schlitzen in den Stützen. Diese Konstruktion ist gut zu verstauen und schnell zusammenzusetzen. Damit die Querbretter mit ihren Zapfen nicht aus den für sie im Cockpitboden passend gebohrten Löcher rutschen können, sollte die ganze Konstruktion mit einem durch zwei Augbolzen gehaltenen und stramm gespannten Gummizeisig nach unten gedrückt werden.

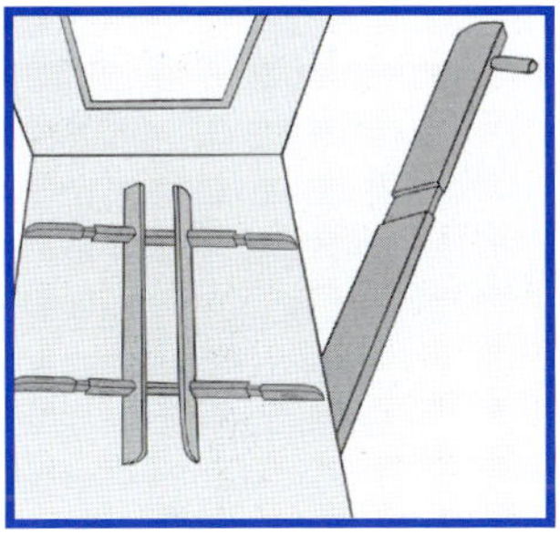

Abgebaut

Travellerschienen im Cockpit sind eine wichtige Trimmhilfe . Manche Werften haben die Schienen jedoch quer durch das Cockpit gelegt. Sie stören besonders im Hafen, wenn man das Cockpit als Veranda nutzt. Obwohl die Travellerschiene großen Zugkräften ausgesetzt ist, besteht die Möglichkeit, sie so umzubauen, daß sie abnehmbar ist. Dafür hobelt man sich aus einem etwa zehn Zentimeter dicken Hartholzbalken zwei nach unten breiter werdende Unterleghölzer in der Länge der Sitzbankbreite. Sie werden jeweils an die Enden der Schiene geklebt und geschraubt. Fixiert wird die so veränderte Schiene auf den Bänken mit Hilfe von Wantenspannern – jeweils einen an Backbord und an Steuerbord der Cockpitinnenseite. Ein längerer Spanner hält die Schiene in der Mitte des Cockpitbodens. Die Augbolzen, mit denen die Wantenspanner befestigt werden, sollten gut unterfüttert werden. Es empfiehlt sich auch, die Holzunterlagen der Schiene mit einer Gummischicht zu bekleben. So vermeidet man, daß das Hartholz nach dem Anziehen der Wantenspanner Druckspuren in den Bänken hinterläßt.

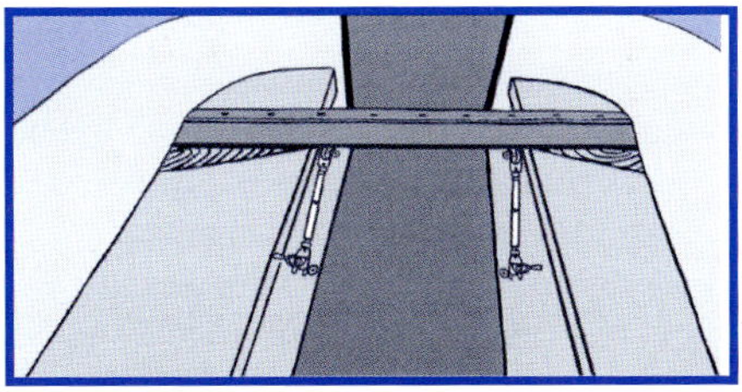

Schwalbennester

Im Cockpit benötigt man ständig Ablageplatz für alle möglichen Dinge. Sogenannte Schwalbennester sorgen dafür, daß diese auch bei Seegang und Lage auf ihrem Platz bleiben. Leider bauen die meisten Werften viel zu wenig Schwalbennester ein.

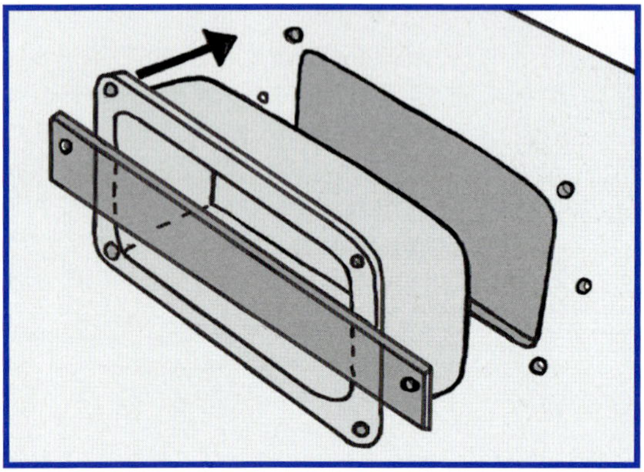

Dabei bietet das hohe Süllbord auf GFK-Booten genügend Raum für sie. Grundlage für weitere Nester sind Plastikschüsseln mit breitem Rand. Mit einer Stichsäge wird ein Loch in das GFK gesägt, in das die Schüssel genau hineinpaßt. Der Schüsselrand wird an den Rand des Loches geklebt und festgeschraubt. Durch eine Kunststofflatte (alte Segellatte), die man vor die Schüssel schraubt, wird verhindert, daß die dort abgelegten Gegenstände herausfallen können. Zu beachten: Das in die Schwalbennester gelangte Regen- oder Spritz-wasser muß herauslaufen können.

Trockenraum

Falls die Möglichkeit besteht, eine Plastikschüssel von innen zu befestigen, kann man sogar ein wasserdichtes Schwalbennest bauen. Das eignet sich beispielsweise besonders gut für die Ablage von Zigaretten, Streichhölzern oder Feuerzeugen. Geschlossen wird es durch eine runde, einschraubbare Serviceluke, die es im Fachhandel gibt. Die Öffnung für die Fassung dieser Luke wird mit einer Stichsäge dort in das Süllbord gesägt, wo sich die Mitte des Schwalbennestes befindet.

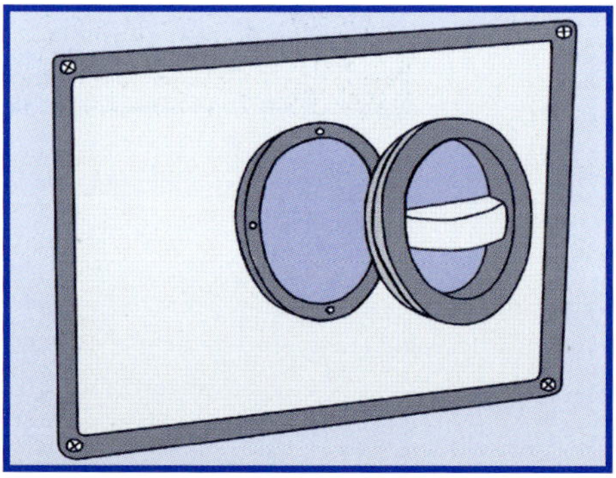

Leinentricks

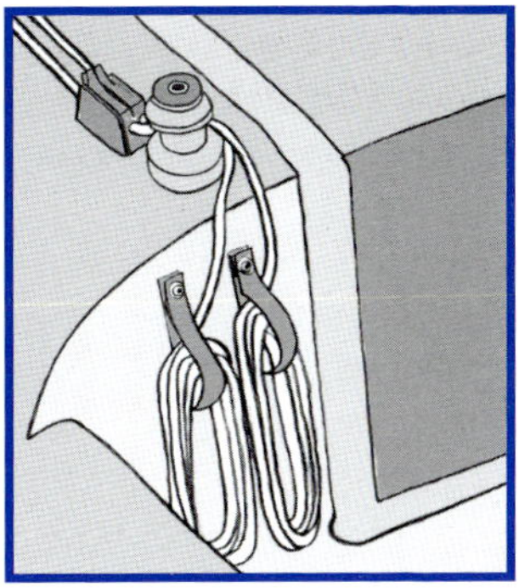

Fast auf allen kleineren Jachten werden die Fallen ins Cockpit geführt. Das macht das Segelsetzen nicht nur bequem, sondern ist auch ein Beitrag zur Sicherheit. Sind die Segel gesetzt, gibt es jedoch häufig "Leinensalat". Viele Crews werfen die langen Fallen den Niedergang hinunter in die Kajüte. Bei Regen kann man dann jedoch das Schiebeluk nicht mehr richtig schließen; außerdem stören die Leinen auch unter Deck. Viel besser ist es deshalb, die Fallen aufzuschießen und so zu stauen, daß sie immer schnell zur Hand sein können. Tenaxknöpfe mit Laschen aus Gewebeband versehen, bieten sich als Lösung an. Sie finden am besten am Kajütaufbau ihren Platz. Wichtig ist die gute Abdichtung der Schraublöcher für die Tenaxknöpfe, um das Laminat gegen Nässe zu schützen.

Leinentaschen

Mit Tenaxknöpfen können Segeltuchtaschen unterhalb der Fallwinschen angebracht werden. Sie eignen sich zum Verstauen der Fallen. Allerdings sollten die Leinen vorher gut aufgeschossen werden und man muß sicherstellen, daß Regen und Spritzwasser durch Löcher an der Unterseite der Taschen abfließen können.

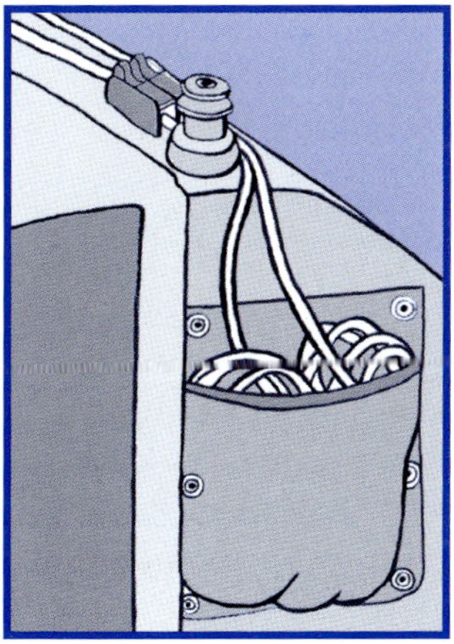

Beschallung

Bei sanfter Brise mit leiser Musik über das Meer gleiten oder bei sechs Beaufort mit dem "Tanz der Walküren" von Wagner durch die Wellen rauschen: Musik im Cockpit kann manchmal schön sein. Für den richtigen Sound an der frischen Luft werden jedoch Lautsprecher benötigt, die wasserdicht sein müssen. Diese Lautsprecher werden im Handel angeboten. Richtigen Musikfreaks reicht allerdings oftmals ihre Qualität nicht aus.

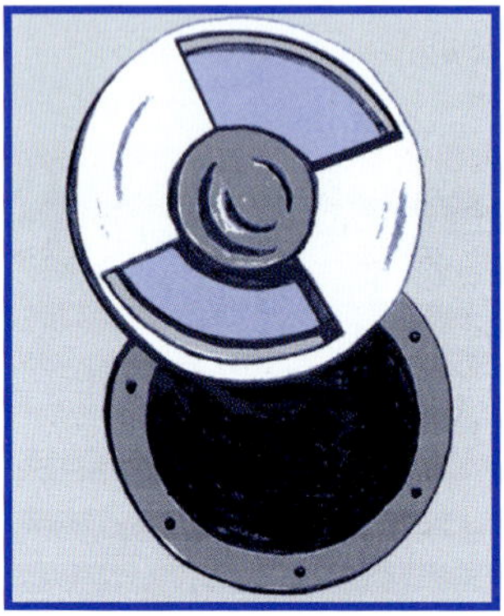

Der Einbau der Lautsprecher im Cockpit erfolgt am besten in den Backskisten. Sie sollten dort allerdings durch kleine Kästen geschützt werden. Damit die Töne ungedämpft die Ohren der Crew erreichen können, müssen natürlich Löcher in die Wandung gesägt werden. Sie sollte die Ausmaße von Inspektionsdeckelfassungen (Zubehörhandel) haben. Mit den Deckeln wird die Lautsprecheröffnung bei Nichtgebrauch, oder wenn das Wetter schlecht wird, geschlossen.

Einige Eigner nutzen ein zweites Steckschott zur Unterbringung der Lautsprecher. Angeschlossen werden die Lautsprecher durch passende Stecker und Steckdosen.
Um sie vor Spritzwasser zu schützen, sollten die Membranen mit Leder- oder Schuhimprägnierer behandelt und das Gehäuse auf der Rückseite mit Farbe versiegelt werden.

Schützende Plane

Die meisten Steckschotts bestehen aus zwei Holz- oder Plexiglasteilen, die beim Segeln ihren Platz in der Backskiste finden. Einfacher ist es, den Niedergang mit einer Plane und einem Reißverschluß schließen zu können. Ein Schott aus beschichtetem Segeltuch oder einer PVC-Plane, die mit Tenaxknöpfen vor dem Niedergang befestigt wird, hat sich auf vielen Booten als ideale Lösung erwiesen. Mit einem Reißverschluß versehen, der von einer Seite herunter und dann im Bogen an der Unterseite entlang bis zur anderen Seite eingenäht wird, ist das Schott jederzeit schnell zu schließen. Im geöffneten Zustand wird es aufgerollt und mit zwei Bändseln fixiert. Die "Luxusausführung" dieses Schotts erhält ein Fenster aus flexiblem Material. Jeder Segelmacher kann solch eine Niedergangstür anfertigen. Wer es selber machen will, muß darauf achten, daß der Reißverschluß in einem sanften Bogen um die Ecke geführt und er von der äußeren Plane überdeckt wird. Außerdem muß die gesamte Öffnung so groß sein, daß im aufgerolltem Zustand das Steckschott ohne Schwierigkeiten benutzt werden kann. In der Praxis hat sich ergeben, daß das Holzschott nur noch genutzt wird, um das Boot abzuschließen. Auch bei Starkwindtörns sollte das stärkere Schott natürlich eingesetzt werden.

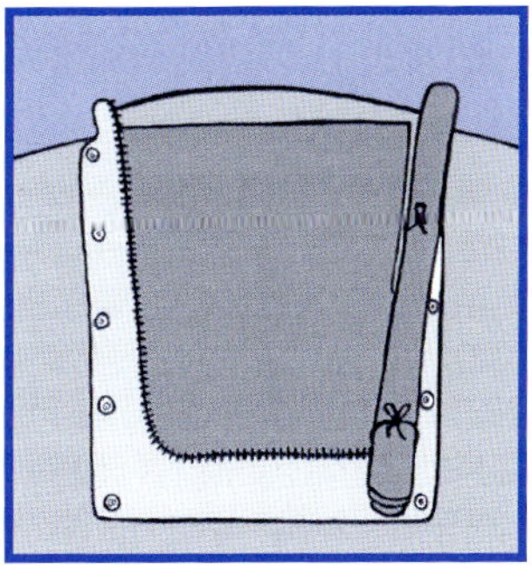

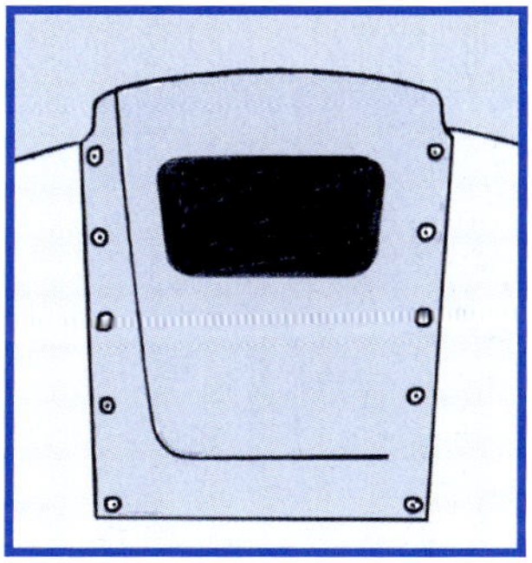

RUND UMS SEGEL

Wenn die Jacht unter vollen Segeln bei einer guten Brise auf dem richtigen Kurs durch die See rauscht, ist die Welt für den Skipper in Ordnung. Es folgen Tipps und Tricks rund um das Rigg und das Segel. Ratschläge, die man in keinem Lehrbuch finden wird.

Genähter Faden

Auch Fahrtensegler, die mit ihrem Boot an keiner Regatta teilnehmen wollen, segeln gern optimal. In kaum einem Segel fehlen deshalb die Trimmfäden. Man kann sie beim Segelmacher kaufen und mit runden Klebepunkten an den richtigen Stellen auf beiden Seiten des Segels (kurz hinter dem Vorliek) befestigen. Wenn beide Fäden waagerecht nach achtern auswehen, stimmt der Trimm meistens. Ein Kunststoff-Faden tut es auch. Er wird einfach mit einer Nadel durch das Segel gezogen und dann von jeder Seite mit einem Knoten am Tuch gesichert. Besser ist es, den etwa 30 Zentimeter langen, dunklen Faden mit zwei Stichen versetzt durch das Segel zu ziehen.
Vorteil: Man kann den durch das Segel schimmernden Leefaden auch beobachten, weil er nicht vom Luvfaden abgedeckt wird.

Flautenfaden

Gerade bei wenig Wind ist die richtige Segelstellung für optimalen Vortrieb wichtig. Oftmals sind dann die Trimmfäden aus Wolle zu schwer. Ein Tape-Band aus einer Musikkassette weht dagegen auch beim geringsten Windhauch aus. Wer also optimal bei Flaute segeln will, darf die nächste beschädigte Musikkassette nicht wegwerfen. Ein etwa 15 Zentimeter langes Stück Tape vom Band abgeschnitten und mit wasserfestem Klebeband fixiert, macht auch den leichtesten Windhauch sichtbar.

Ersatz Cunningham

Den in der Regel ins Cockpit geführten Spinnakerbaumniederholer benötigen nur Proficrews bei Starkwind. Fahrtensegler können die Leine auch als Cunningham-Strecker nutzen und sparen so eine weitere, nach achtern geführte Bedienungsleine, für die dann eine zusätzliche Hebelklemme notwendig wäre. Für die neue Nutzung kann sogar der Block des Niederholers am Mastfuß genutzt werden. Der Niederholer wird vom angestammten Block vor dem Mastfuß nach achtern durch die Cunningham-Kausch geführt. Das Ende sollte mit zwei halben Schlägen am Reffhaken auf der anderen Segelseite befestigt werden. Benötigt man den Spinnakerbaum, geht alles wieder retour.

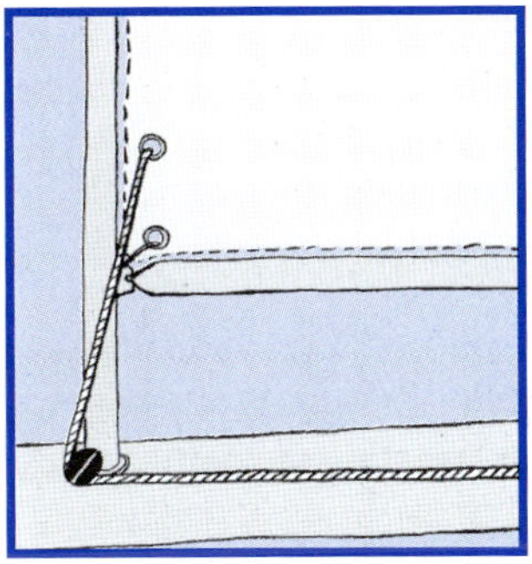

Ersatz-Reffleine

Der Niederholer für den Spinnakerbaum kann mit Hilfe eines zweiten Blocks am hinteren Mastfuß auch als Reffleine genutzt werden. Der Niederholer wird dafür durch den Block, weiter am Segel hoch bis zur Reffkausch geführt und auf der anderen Seite des Segels am Reffhaken befestigt. Einige Skipper bereiten mit dieser Methode bei viel Wind das dritte Reff vor, denn in der Regel gibt es nur zwei feste Reffleinen an Bord. Das Auge am Achterliek von Reff drei wird mit einer kurzen Leine am Baum fixiert. Bei dieser Reffmethode muß niemand das Cockpit verlassen.

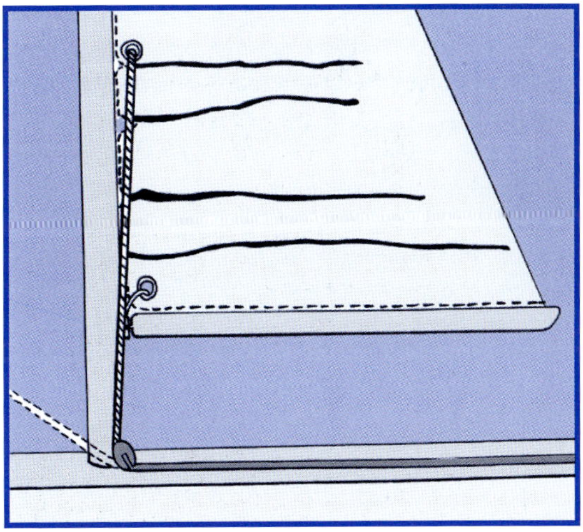

Hebelarm

Nach Törns bei viel Wind gibt es manchmal Schwierigkeiten, die Hebelklemmen von Groß- und Fockfall zu lösen, um die Segel bergen zu können. Als Problemlöser hat sich ein Rohr aus dickwandigem Kunststoff oder aus Stahl bewährt, das über den Hebel der Klemme gestülpt wird. Durch den verlängerten Hebelarm kann die Klemme leichter geöffnet werden.

Aber Vorsicht beim Öffnen: Mit zuviel Schwung kann der Hebel der Klemme abbrechen.

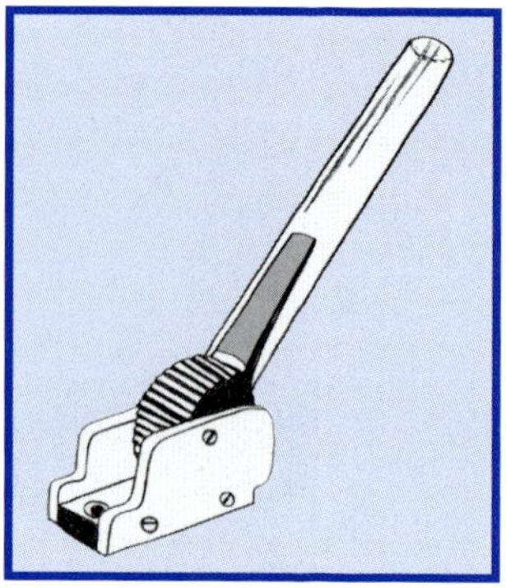

Halbe Kraft

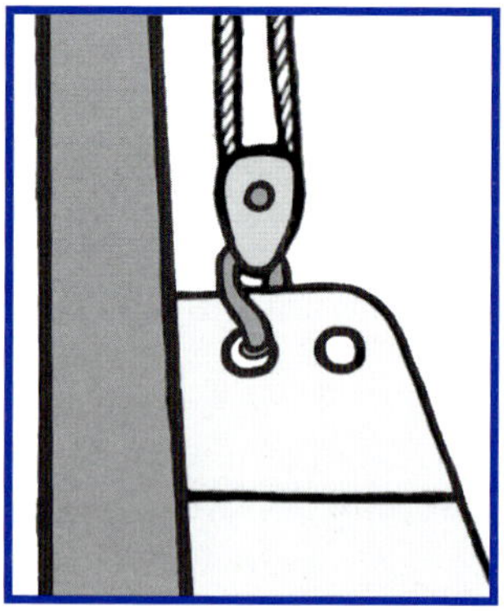

Nach der Aufrüstung des Großsegels mit Latten ist oftmals ein größerer Kraftaufwand beim Segelsetzen nötig. Mit einer Verlängerung des Falls um eine Mastlänge und dem Einsatz eines Blocks mit Wirbelschäkel am Kopfbrett des Segels halbiert sich der notwendige Kraftaufwand. Als erstes muß dafür das Fall durch einen Block, der am Kopfbrett befestigt ist, gezogen und dann mit Hilfe eines Schäkels am Mastgalgen befestigt werden. Wer in Zukunft das Groß mit halber Kraft setzen will, sollte sein Fall von Draht auf reckfreies Tauwerk umrüsten, denn der Drahtvorlauf wird so lang sein, daß er beim Segelsetzen die Winsch erreicht und diese beschädigen kann.

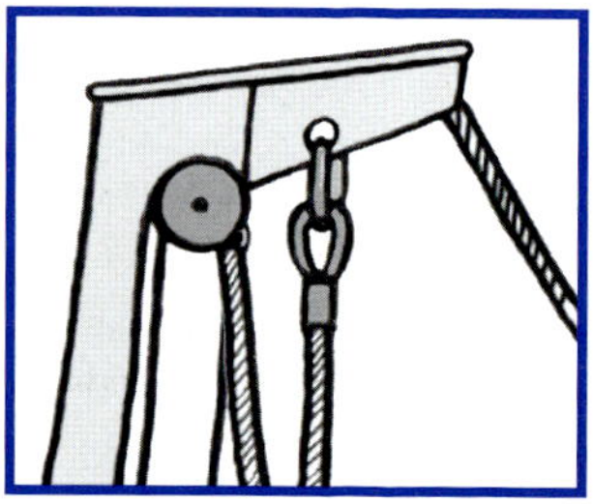

Sicherungen

Reffhaken am Lümmelbeschlag oder die Haken am Bugbeschlag für die Halskausch des Vorsegels können für Ärger sorgen. Die gerade eingehakten Kauschen rutschen häufig ab, bevor die Segel durchgesetzt sind. Gerade beim Segeln mit kleiner

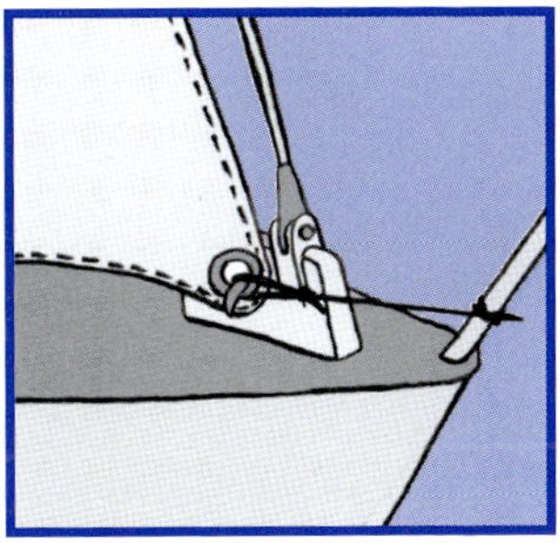

Crew ist es ärgerlich, ein zweites oder drittes Mal beim Segelsetzen nach vorn zu müssen. Ein einfacher Gummistropp verschafft Abhilfe. Der wird beispielsweise stramm um den Bugkorb gespannt, nachdem er das Segel am Haken sichert. Beim Reffhaken benutzt man einen kurzen Stropp, der unter das Segel auf den zweiten gegenüberliegenden Reffhaken geführt wird und so das Segel sichert.

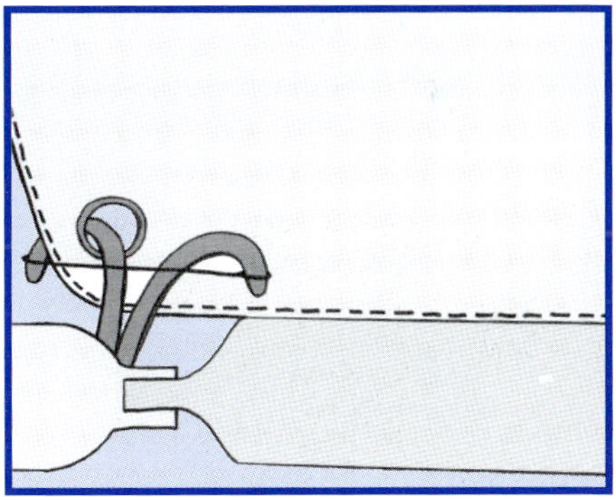

Hilfstraveller

Manche Boote haben keinen Traveller, mit dem es möglich ist, das Segel bei Kursen hoch am Wind ganz dicht zu holen. Um das zu bewerkstelligen, hilft eine kurze Leine mit einem großen Schäkel, in dem die Großschottalje laufen kann. Sie darf sich nicht beklemmen. Der Schäkel wird um die Großschot gelegt und die Leine mit der luvwärtigen Genuawinsch soweit dichtgeholt, bis sich der Großbaum exakt in Mittelstellung befindet.

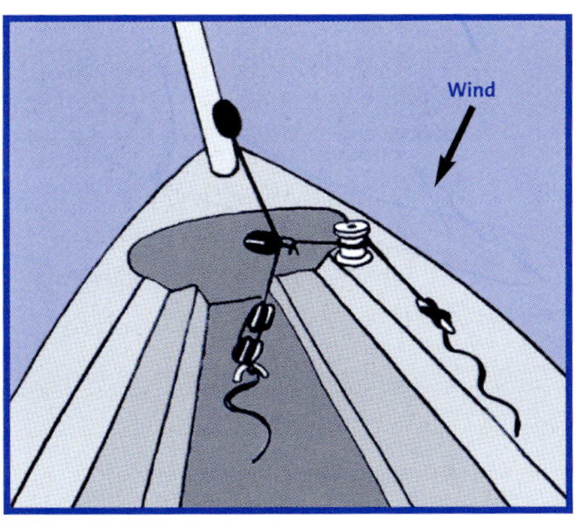

Lückenfüller 1

Das ist sogar schon Profis passiert: Der Spinnaker fällt auf Kursen vor dem Wind plötzlich ein und wickelt sich um das Vorstag. Pleiten, Pech und Pannen, denn häufig wird das leichte Tuch beim Abwickeln beschädigt. Dabei können zwei kurze Leinen das Malheur verhindern. Dazu müssen allerdings zwei kleine Halbschellen als Leinenhalterung im oberen Bereich des Mastes angebracht werden, etwa einen und zwei Meter unterhalb des Ansatzpunktes des Vorstags. Am anderen Ende der Leinen befestigt man je einen Stagreiter, die auf dem Vorstag eingeklinkt werden. Die Leinen verhindern jetzt, daß sich das Spi-Tuch um das Vorstag wickeln

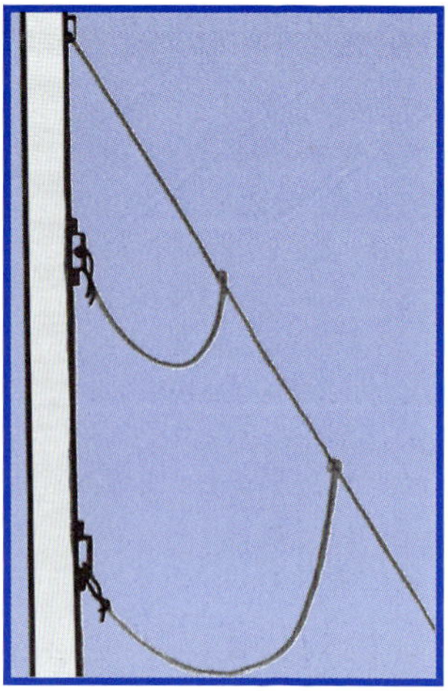

kann. Ganz wichtig: Damit die Vorsegel ungehindert gesetzt werden können, müssen beide Leinen so lang sein, daß sie vom obersten Stagreiter des Segels leicht nach oben geschoben werden können.

Lückenfüller 2

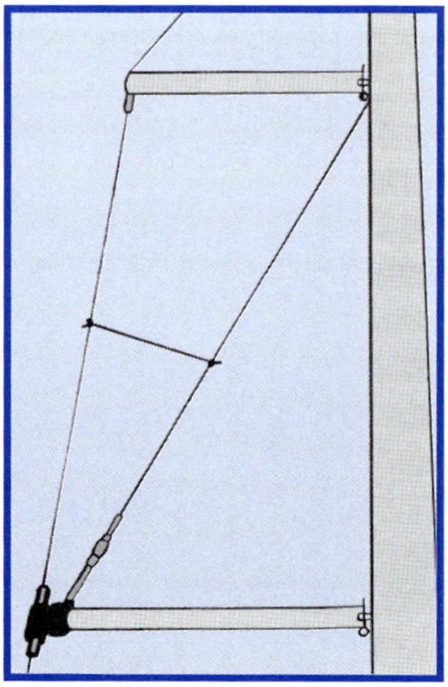

Ein Gummizeisig auf grösseren Jachten zwischen Ober- und Mittelwant gespannt, verhindert, daß sich der Spinnaker bei mißglücktem Manöver um die Wanten wickeln kann. Wer dieses Gummiband spannen will, muß allerdings schwindelfrei sein und sich mit Hilfe des Bootsmannstuhls bis zur ersten Saling winschen lassen. Das Anbringen des Gummistropps erfolgt am besten stehend auf der Saling – natürlich abgesichert durch den Bootsmannstuhl.

Beim Spinnakerbergen wird in der Regel der Achterholer los geworfen, der dann meistens unkontrolliert ausrauscht. Besser ist es, den Achterholer am Spibaum auszuklinken. Dafür muß jedoch ein Crewmitglied zum Bug. Eine kleine Besatzung kann mit Hilfe einer kurzen Leine das Tuch auch aus dem Cockpit kontrolliert bergen. Dafür wird einfach die Ausreißleine des Schäkels am Achterholer verlängert und an die Baumnock geknotet. Jetzt muß der Achterholer nur noch soweit gefiert werden, bis die kurze Leine stramm kommt und den Schäkel öffnet. Mit der Schot wird dann der Spinnaker ins Cockpit gezogen. Natürlich muß gleichzeitig das Spifall gefiert werden.

Reißleine

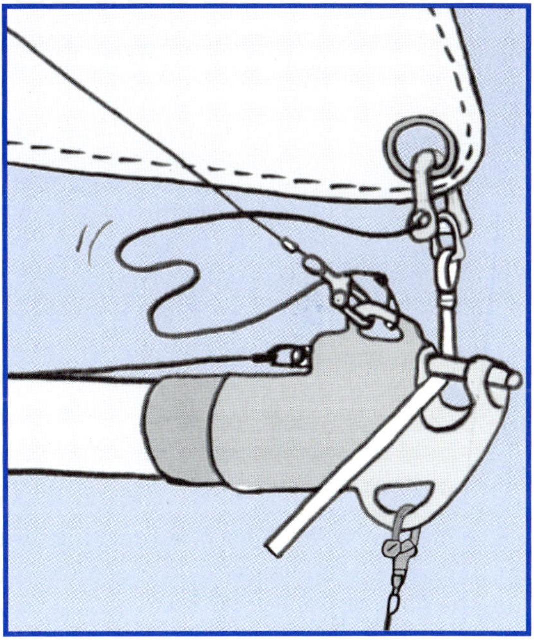

Die Backskiste ist wohl der Ort an Bord, in der es am schwersten ist, Ordnung zu halten. Das liegt daran, daß die Werften in der Regel nur ein einziges Regal in diesen großen Stauraum gebaut haben. Von diesem Regal verrutschen die Gegenstände bei starken Bootsbewegungen schnell und verschwinden in die Tiefe des Stauraumes. Dort liegt aber schon sehr viel, denn zu Beginn eines Törns werden eine Menge Dinge nur schnell in die Backskiste gestopft: Fender, Festmacher, Reinigungsutensilien, Reservetank, Grill und noch viel mehr. Kein Wunder, daß alles schon bei wenig Seegang durcheinander fliegt.

Viele Eigner haben sich Gedanken gemacht, Ordnung in die Backskiste zu bringen nicht ganz unwichtig, denn manchmal muß man beispielsweise schnell einen Festmacher zur Hand haben und hat keine Zeit, den Backskisteninhalt daraufhin abzusuchen. Ein paar Tips für die Backskistenordnung.

Deckelraum

Auf manchen Jachten herrschen strenge Vorschriften, wenn es um Straßenschuhe an Bord geht. Kein Wunder,

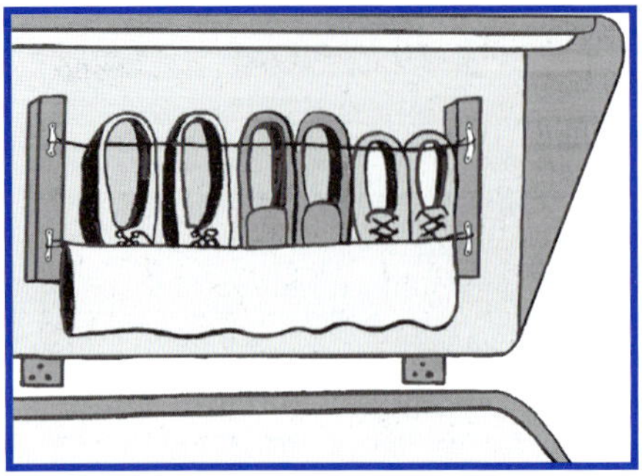

selbst kleine Steinchen, die sich in den Sohlen eingeklemmt haben, können auf Gelcoat und Teakdeck häßliche Spuren hinterlassen. Und der Abrieb einer schwarzen Sohle auf hellem Deck ist jedem Eigner ein Dorn im Auge. Wohin mit den Straßenschuhen, und wo sollen die Bordschuhe aufbewahrt werden, wenn es auf Landausflug geht? Die Innenseite des Backskistendeckels bietet sich als Aufbewahrungsort an. Dort sind die Schuhe gegen Regen geschützt und schnell griffbereit. Die Hauptbestandteile einer Schuhalterung sind zwei Holzleisten, die an die Innenseite des Deckels geklebt (Epoxy) und geschraubt werden sowie ein breiter Leinensack und zwei Gummizeisige. Halbschellen auf jeder Leiste werden Festmacherpunkte für die Gummizeisige. Am unteren wird der Leinenbeutel befestigt, dessen Rückseite am Deckel fixiert wird.

Kurbelgehäuse

Winschkurbeln sind teuer und deshalb beliebte Beute von Gelegenheitsdieben. Nach dem Törn sollten sie deshalb sicher verstaut werden. Auch

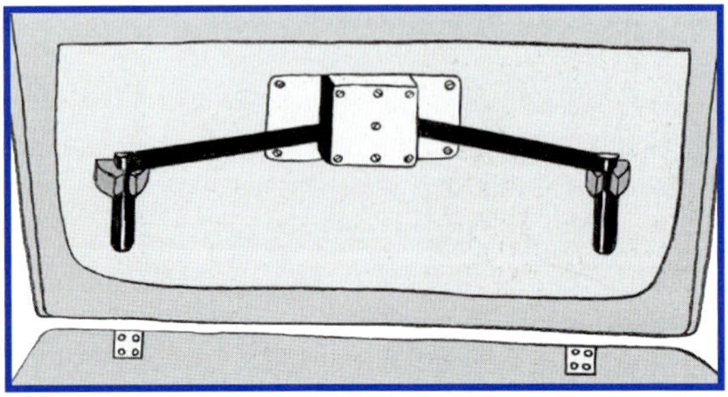

hier bietet sich der Backskistendeckel an. Damit die Kurbeln stets griffbereit sind, ohne daß von ihren scharfen Kanten an den Kurbelköpfen eine Verletzungsgefahr ausgeht, empfiehlt es sich, die Köpfe in einen kleinen Holzkasten zu stecken. Der wird passend an dem Deckel befestigt. Die Griffe werden in Halterungen fixiert, wie sie für die Befestigung von Pinnenausleger angeboten werden.

Fenderhalter

Tiefe Backskistendeckel können Platz für Langfender bieten. Dafür werden zwei große Drahtbügel an die Unterseiten geschraubt, unter die die Fender geklemmt werden. Sie sind jetzt nicht nur besonders gut zu erreichen, sondern es gibt auch mehr Platz in der Backskiste, um andere Dinge zu verstauen. Ist der Deckel zu dünnwandig, um etwas anzuschrauben, müssen Holzbrettchen als Grundlage für die Schrauben angeklebt werden.

Netzfach

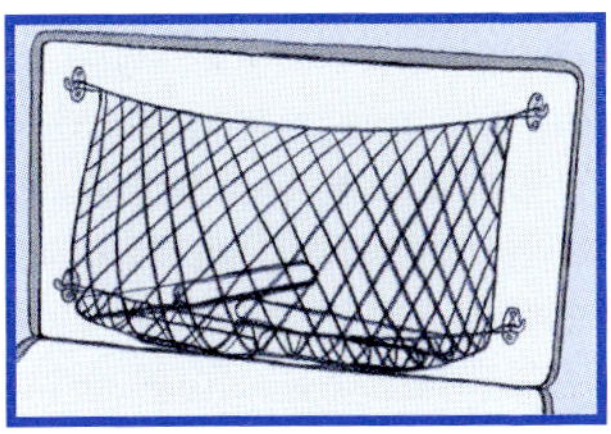

Eine einfache Möglichkeit, den Stauraum in der Backskiste zu vergrößern, ist das Anbringen eines Netzes unter dem Backskistendeckel. Sogenannte Ablagegepäcknetze in verschiedenen Größen bietet der Zubehörhandel an. Möglich ist es auch, ein Stück Relingsnetz zur Stautasche umzufunktionieren.

Stautasche

Für Gegenstände wie zusammengelegter Ankerball oder Signalkegel, Ausrüstungsgegenstände, die manchmal schnell zur Hand sein müssen, empfiehlt es sich, eine Segeltuchtasche zu nähen. Sie bekommt ihren Platz unter einem Backskistendeckel. Hilfreich ist auch hier, als Halterungsgrundlage Holzleisten unten den Deckel zu kleben. Damit die Gegenstände nicht aus der Tasche fallen, sollte diese mit Druckknöpfen oder einem Klettverschluß geschlossen werden können.

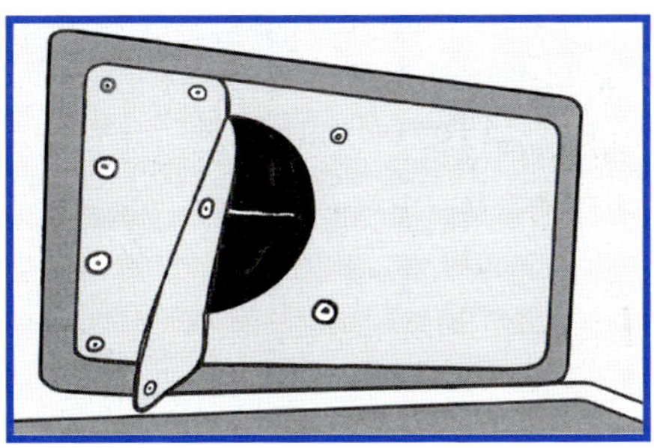

Werkzeugfach

Die hohe Bastelschule für eine Nutzung des Stauraumes Backskistendeckel ist der Anbau eines Werkzeugkastens. Die flache Kiste aus wasserfestem Bootsbausperrholz sollte viele Fächer für das Werkzeug aufweisen, deren Ränder die gleiche Höhe wie die Werkzeugkiste haben. Nur so ist zu verhindern, daß das Metallwerkzeug bei Bootsbewegungen lautstark hin- und herrollt. Das Anbringen erfolgt mit mindestens drei Scharnieren an der Rückseite und zwei kräftigen Bändseln vorn. Die Leinen müssen so lang sein, daß der Werkzeugkasten in waagerechter Position bleibt, wenn die Backskiste geöffnet wird. Falls es doch klappert, kann das Werkzeug in Putzlappen gewickelt werden.

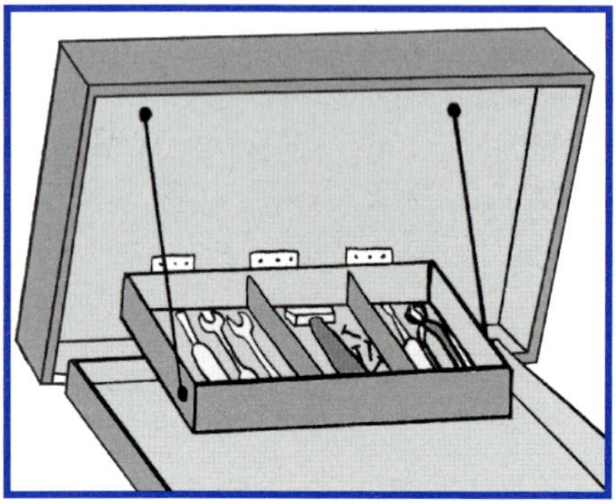

Haltekraft

Wer die Deckel der Bootsbackskisten in Stauräume verwandelt, wird schnell selber darauf kommen: Der Deckel muß nach dem Öffnen fixiert werden können. Werftseitig ist meistens dafür nichts gemacht worden. Abhilfe schafft eine Halbschelle innen unter der Vorderseite des Deckels und ein Gummistropp mit einem Haken. Die Länge des Stropps sollte so bemessen sein, daß das Gummi stramm durchgesetzt ist, wenn der Haken am Relingsdraht befestigt wird.

Riemenhalter

Lange Gegenstände, wie Bootsschrubber, Baumstütze oder Riemen für das Beiboot finden meistens ganz unten in der Backskiste Platz und müssen bei Gebrauch mühsam an die "Oberfläche" geholt werden. Mit einem kleinen Trick können sie dort untergebracht werden, wo sie kaum stören, aber leicht zu erreichen sind: An der oberen Rückseite der Backskiste. Man benötigt dafür zwei kurze Holzleisten, vier Schraubösen sowie zwei Leinen und zwei kleine Curry-Klemmen. Die passend gesägten Leisten werden hinter dem Deckel an die Decke der Backskiste geklebt und hinten und vorne mit den Schraubösen versehen. Die Leinen werden jeweils an die hinteren Ösen geknotet und durch die vorderen gezogen. In der so entstandenen Schlaufe ist Platz für die langen Gegenstände. Durch die an den vorderen Rändern der Backskiste angebrachten Curry-Klemmen können die Leinen stramm fixiert werden und so die Gegenstände halten.

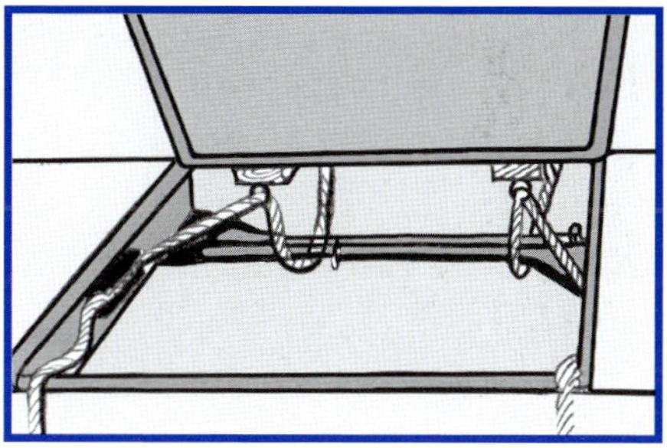

Taschentrick

In fast jedem Autozubehörgeschäft werden Kofferraumtaschen aus Kunststoff als Staumöglichkeit angeboten. Sie eignen sich auch für die Backskiste. Befestigt werden sie in der Regel durch große Druckknöpfe, so daß die Taschen bei Bedarf wieder leicht abgeknöpft werden können.

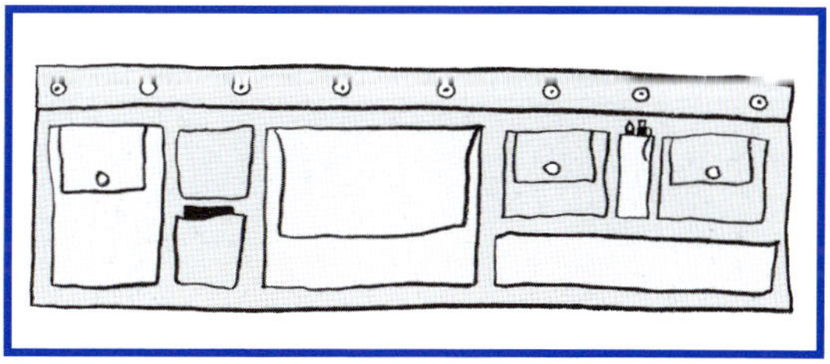

Schlitzklemmen

Sie heißen Schlitzklemmen und man kann sie entweder als Fertigprodukt aus Kunststoff kaufen oder sie sich mit Hilfe einer Laubsäge aus Sperrholz selber basteln. Schlitzklemmen als Halterung für aufgeschossene Leinen, an deren Ende eine Acht geknotet wurde, sorgen für Ordnung in der Backskiste. Schlitzklemmen können auch nebeneinander in ein Sperrholzbrett gesägt werden, das an zwei etwa zehn Zentimeter hohen, großflächigen Holzsockeln an der Backskistenwand befestigt wird.

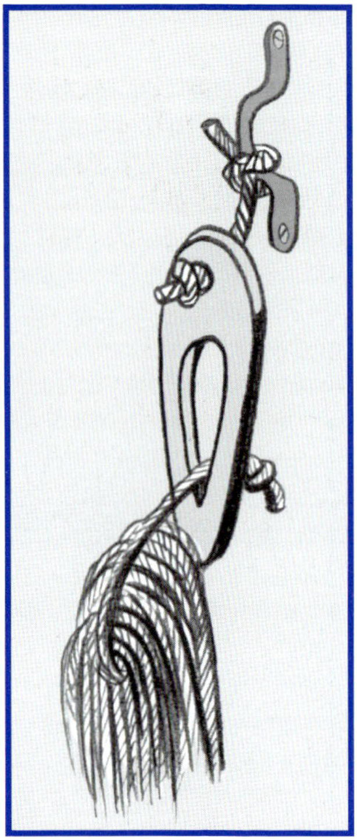

Schlitzklemmen können auch nebeneinander in ein Sperrholzbrett gesägt werden, das an zwei etwa zehn Zentimeter hohen Füßen an die Backskistenwand befestigt wird. Übrigens: Fast in allen Fällen reicht es aus, großflächige Halterungen mit Epoxy-Kleber zu befestigen. Soll sie an die Innenwand des Rumpfes ihren Platz finden, bleibt sowieso nichts anderes übrig.

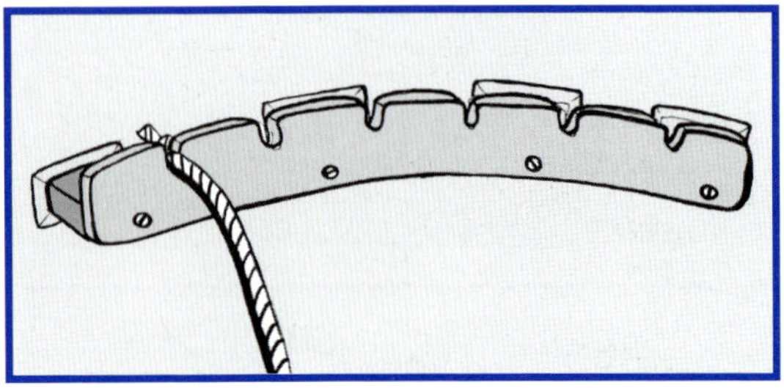

Unter Deck haben es sich die Eigner richtig gemütlich gemacht und fühlen sich wohl in ihrem Wohnraum auf See. Eines fehlt allerdings auf fast allen Booten: Genügend Stauraum. Dabei gibt es so viele Dinge, die auf einem Törn gebraucht werden. Kein Wunder also, daß Bootsbesitzer besonders kreativ sind, wenn es um die Lösung dieses Problems geht.

Kühlschrankbox

Je kleiner das Boot ist, um so schwieriger wird es, einen Kühlschrank einzubauen. Aber, wer will schon im Hochsommer auf ein kühles Bier verzichten, und die Butter sollte auch nicht schmelzen. Als idealer Platz für die Kühlbox bietet sich der Niedergang an. Vor allen Dingen, wenn er – wie auf vielen kleinen Jachten – nur aus einer Stufe besteht. Beim Einbau ist zu bedenken, daß alles leicht zu demontieren sein muß, wenn sich der Bootsmotor hinter dem Niedergang befindet. Die feste Halterung für den Kühlschrank muß zwei Bedingungen erfüllen: Sie soll die Kühlbox auch bei Seegang in ihrer Position halten und trittfeste Unterlage für die Niedergangsstufe sein. Wer Gewicht sparen will, kann die Halterung aus rostfreien Stahlrohren bauen.

Bordbesteck

Fast jede Pantry bietet ein paar eingebaute Schubladen. Wer sie für andere Dinge als für das Besteck benötigt, muß basteln. Allerdings braucht er dafür Bordbesteck zum Aufhängen – mit Löchern im Griff.

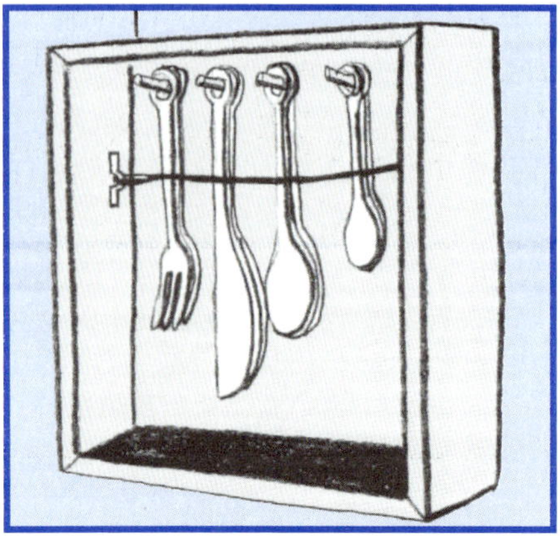

Das Bordbesteck findet seinen Platz in einem kleinen Holzkasten, der über der Pantry aufgehängt wird. Damit Messer, Gabel und Löffel nicht von den Zapfen fallen können, werden sie mit einem Gummistropp gesichert. Besonders begabte Bastler können den Besteckkasten noch mit einer Tür versehen.

Stellfläche

Die Stellfläche in der Pantry reicht fast nie aus. In den meisten Booten gibt es jedoch mindestens eine Arbeitsfläche, die durch einen kleinen Klapptisch vergrößert werden kann. Wenn Holzart und Maserung der Platte dem Holz der Inneneinrichtung angepaßt werden, fällt der nachträgliche Einbau kaum auf. Die Platte wird mit zwei Scharnieren passend angeschraubt. Auf kleinen Booten muß in der Regel die zur Rumpfseite weisende Seite des Tisches abgerundet werden, damit sie abklappbar ist. In waagerechter Position gehalten wird die Platte durch einen angeschraubten Klappbeschlag aus Edelstahl, den es im Fachhandel gibt.

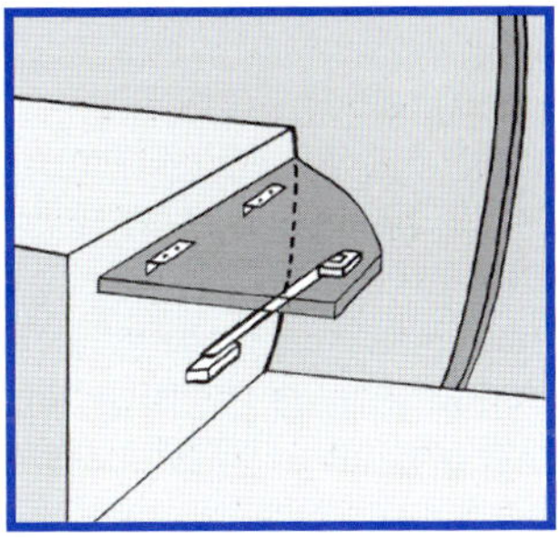

Pfannenfach

Pfannen mit Antihaftbeschichtung möchte man auch an Bord nicht missen. Allerdings wird es schwierig, das langstielige Kochutensil so zu verstauen, daß die empfindliche Beschichtung nicht zerkratzt. Da hilft nur ein Platz, den die Pfanne nicht mit Töpfen teilen muß. Eine Lösung ist ein flaches Extraschapp, angebracht an der Oberseite des Topfschrankes. Dort wird die Pfanne auch bei Seegang nicht zerschrammen.

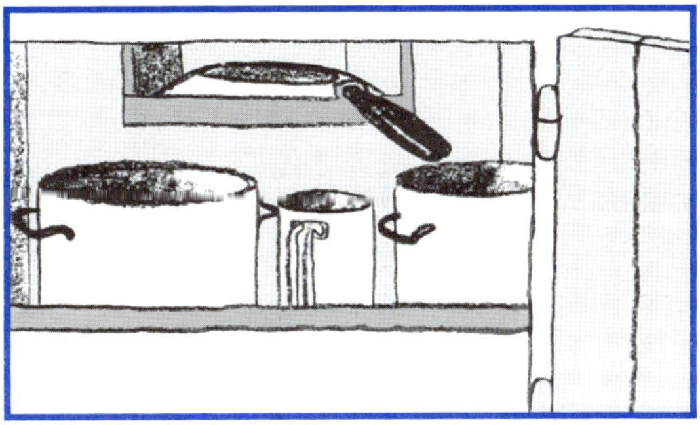

Patenthalter

Stauraum für leichtere Gegenstände, wie zum Beispiel Salz und Pfefferstreuer oder Gewürzbehälter verschafft man sich durch vier Fenderösen und zwei Gummistropps. Zwischen den an einer freien Wand angeschraubten Ösen werden die Stropps gespannt. Dahinter klemmt man die Gegenstände ein. Sie bleiben auch bei stürmischem Wetter auf See an ihrem Platz.

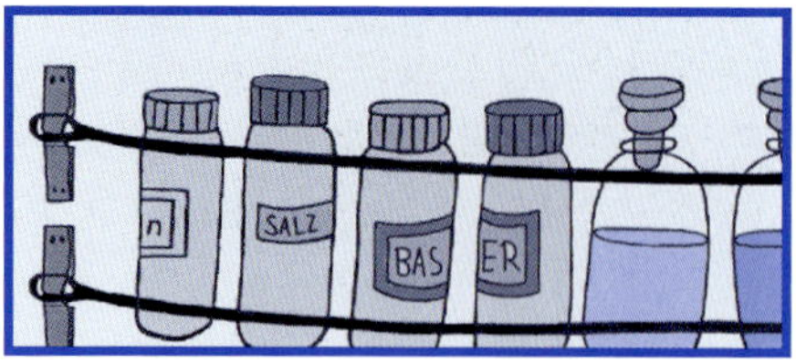

Glaskorken

Gerade auf kleineren Jachten gibt es oft ein Problem mit Gläsern oder Tassen. Schon während eines Törns mit mittelprächtigen Wellen klappern sie im Schrank und werden nicht selten beschädigt. Eine ganz einfache Lösung, es zu verhindern: Man klebt sich große runde Korken auf die Stellfläche, über die die Gefäße gestülpt werden.

Stufenfach

Oftmals hat eine Jacht Trittstufen im Niedergang, die nur aus einem Brett bestehen. Unter diesen Stufen befindet sich Platz für dreieckige Werkzeugschapps. Die Boxen dieses hervorklappbaren Stauraums bestehen aus vier Teilen Bootsbausperrholz. Am besten paßt man sie mit einer Pappschablone des Seitenteiles an. Das muß zur Stufe hin abgerundet werden, damit es hervorgeklappt werden kann. Die Maße der Schablone werden auf Sperrholz übertragen und ausgesägt. Zusammenfügen sollte man die

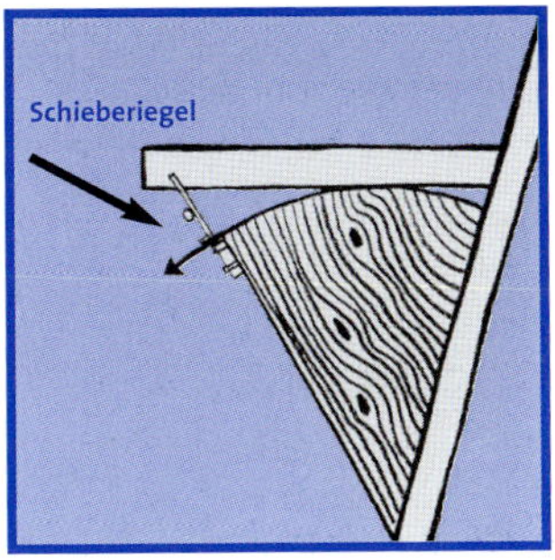

Klappboxen mit Epoxy-Kleber und kleinen Schrauben. Klappbar werden die Fächer durch ein langes Scharnier als unterste Befestigung. Damit sie nicht bei Schiffsbewegungen ausklappen können, müssen sie vorn mit Riegeln gesichert werden.

Schmutzfänger

Die meisten neuen Jachten haben sie: die in Form einer viereckigen Plastikschüssel in den Fußboden integrierte Müllschaufel. Die Nachrüstung ist leicht. Man braucht eine kleine Plastikschüssel mit einem breiten Rand und sägt eine exakt für sie passende Öffnung in die Bodenbretter. Die einfachste Installation erfolgt dort, wo die Bilge die Höhe der Schüssel plus die Stärke des ausgesägten Fußbodenbrettes hat. Unter Umständen muß die Schüssel durch einen kleinen Holzkeil in der Bilge in waagerechte Lage gebracht werden. Ist die Bilge zu tief, klebt man einen Rahmen aus Bootsbausperrholz, auf dem der Schüsselrand liegt, unter die Bodenbretter. Dann muß allerdings vom ausgesägten Deckel soviel abgehobelt werden, bis er wieder die Höhe des Fußbodens hat. Herausheben kann man den Deckel durch ein ausgesägtes Fingerloch.

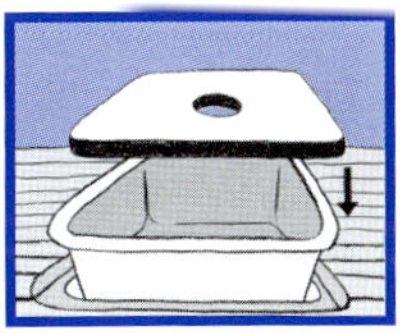

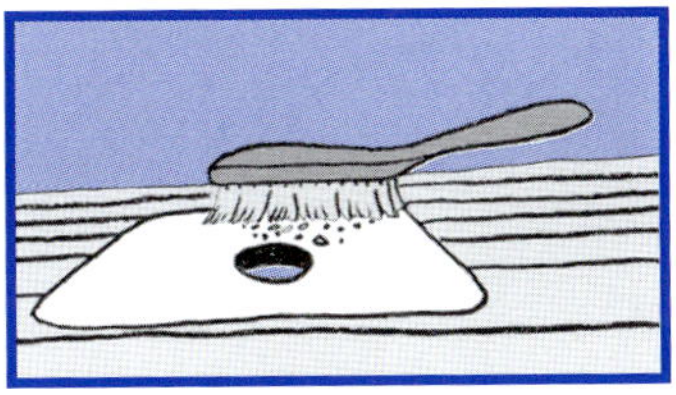

Seekartenfach

Wohin mit den Seekarten? Eine Frage, die sich stellt, wenn eine längere Reise geplant ist. Platz für ein See-

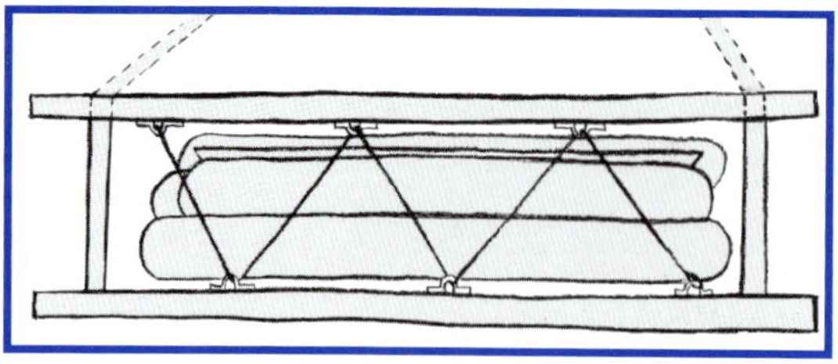

kartenfach mit den Maßen für gerollte oder einmal gefaltete Karten gibt es auch auf kleinen Booten unter einem der Kojenbretter. Dort kann ein entsprechender Seekartenkasten ohne Frontseite aus dünnem Bootsbausperrholz angeschraubt werden. Er wird mit dem Kojenbrett hochgeklappt. Das vordere Brett wird durch einen mehrfach quer gespannten Gummistropp ersetzt und ermöglicht so das Ein- oder Ausräumen des Faches.

Ein großflächiger Platz für Seekarten befindet sich über der Doppelkoje im Vorschiff. Dort, wo sich die Beine beim Schlafen befinden, kann unter der Decke ein Fach eingezogen werden. Am einfachsten ist es, ein Gerüst aus dünnen Latten auf Leisten zu kleben, die an Backbord und Steuerbord in der Höhe an der Bordwand befestigt werden, in der man das Fach wünscht. Bespannt werden kann der Lattenrost mit Segeltuch oder dem Isoliermaterial, mit dem die Jacht innen verkleidet ist. Das Herausrutschen verhindert ein mehrfach gespannter Gummistropp.

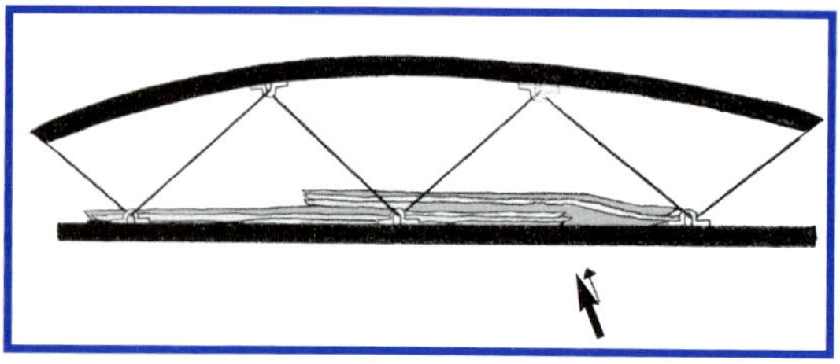

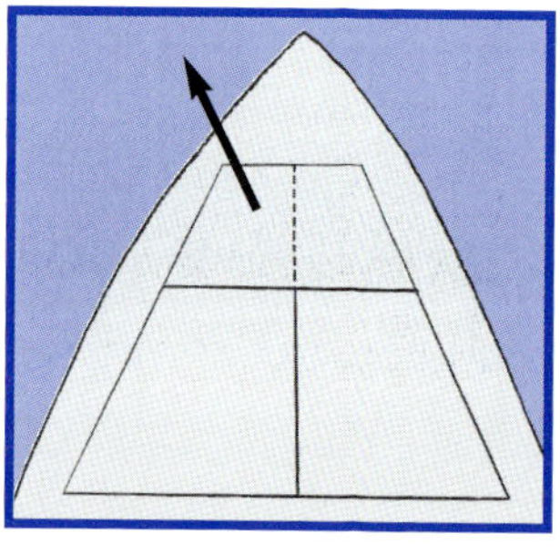

Sicherung

Nach dem ersten Törn mit viel Lage und Seegang zeigen sich auf jeder Jacht die Sünden der Bootsbauer. Schapps und offene Schränke sind häufig so gebaut, daß viele Dinge herausfallen und sich in der Kajüte verteilen. Am einfachsten erfolgt die Sicherung durch mehrfach quer gespannte Gummizeisige. Sie werden durch Haken am Rand gehalten. Der Abstand der Verspannung sollte so ausfallen, daß auch die kleinsten verstauten Sachen nicht mehr herausfallen können.

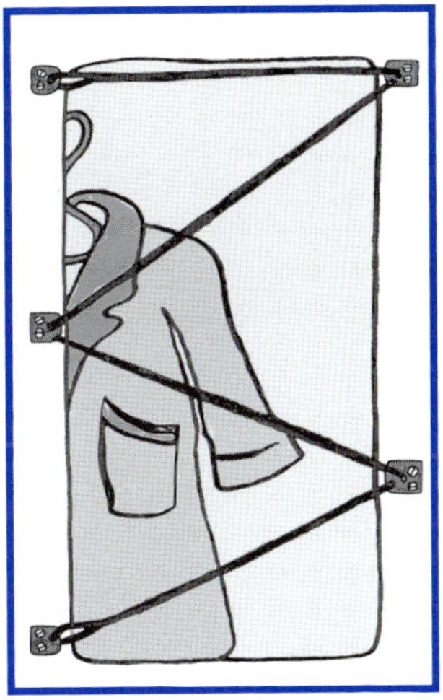

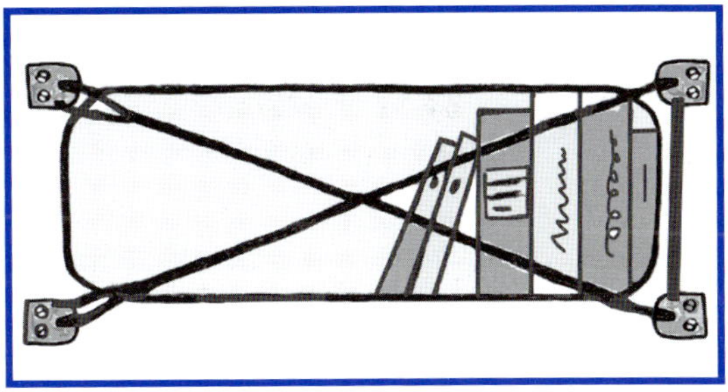

Tropfrinne

Damit die Kajüte durch Kondenswasser keine Tropfsteinhöhle wird, kann vorgebeugt werden. Man schraubt sich eine Hohlleiste aus Mahagonioder Teakholz unter die Kajütfenster. Das Wasser wird sich in der Tropfrinne sammeln und dort im Laufe des Tages verdunsten, oder es kann leicht mit einem Schwamm aufgenommen werden.

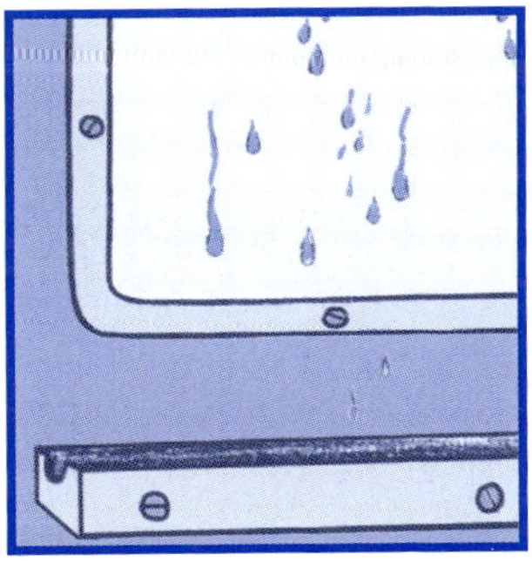

Antispak

Feuchtigkeit unter den Kojenpolstern ist ein Problem, mit dem jeder Eigner konfrontiert wird, auf dessen Jacht häufig übernachtet wird. Bemerkt wird es in der Regel erst durch verspakte Polster. Es gibt zwei Möglichkeiten, diesen Pilz zu verhindern – und in Kombination beider Maßnahmen ist man auf der ganz sicheren Seite. Maßnahme Nummer eins setzt eine Lochsäge voraus. Mit ihr werden möglichst viele Luftlöcher in das Kojenbrett gesägt. Als zweiter Schritt empfiehlt es sich, unter die Kojenpolster in den Maßen der Koje zugeschnittenen Kunstrasen zu legen. Durch diese Matte vom Baumarkt kann Luft unter dem Polster zirkulieren.

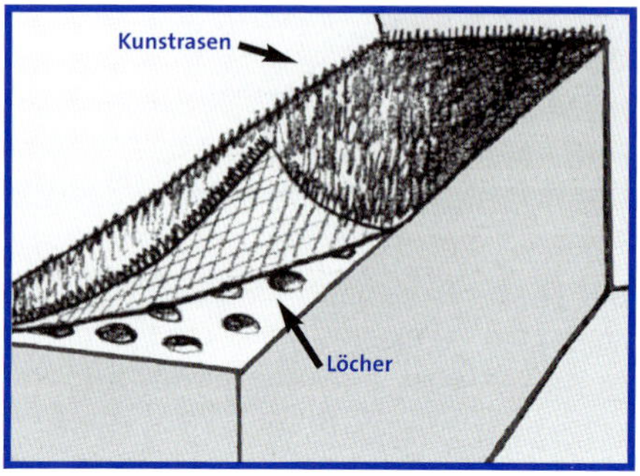

Kältebrücke

Durch das Deck geführte Masten lassen sich im Gegensatz zu Masten auf dem Deck viel einfacher setzen. Nachteile haben sie jedoch bei niedrigen Temperaturen. Es sind Kältebrücken. Einige Skipper haben dagegen etwas getan. Sie bastelten sich eine Art Isolierstrumpf. Für die Isolierung bieten sich sogenannte Isomatten an, die eigentlich als Campingartikel bestimmt sind. Die Matte sollte die erste Schicht sein, die passend geschnitten um den Mast gelegt wird. Die zweite Schicht, ein Leder- oder Kunstlederbezug, hat nur noch optische Bedeutung. Es empfiehlt sich, das Lederband mit einem Klettband zu versehen, um beide Schichten vor dem Mastlegen einfach entfernen zu können.

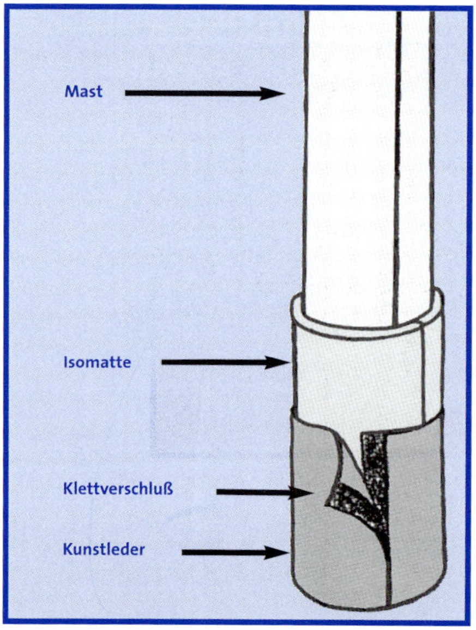

Klappertisch

Die meisten Salontische können zusammengeklappt werden, damit nach Gebrauch mehr Platz unter Deck entsteht. Viele Tische klappern dann allerdings durch die Vibrationen des Bootsmotors. Oder, die Seitenteile klappen bei Lage der Jacht auf. Zwei Haken, die durch einen Gummistropp verbunden an der Unterseite der Tischplatten angebracht sind, verhindern es. Ein dritter Haken an den oberen Teil einer der

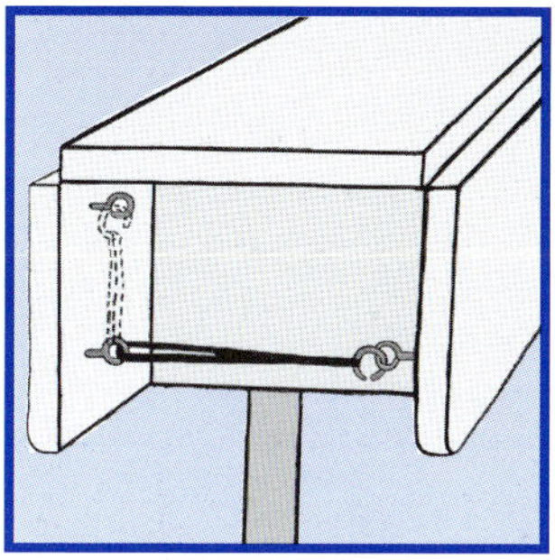

Tischplatten geschraubt, dient als unsichtbare Halterung des Gummizeisigs, wenn der Tisch aufgeklappt ist.

Mastlampe

Petroleumlampen sorgen für eine anheimelnde Atmosphäre unter Deck und sind darüber hinaus bei Ausfall des elektrischen Bordnetzes auch eine Notbeleuchtung. Auf vielen Jachten gibt es aber Probleme mit dem richtigen Platz für die Lampe. Mit etwas Geschick kann man sich eine Lampenhalterung für den durch das Deck geführten Mast basteln. Man benötigt dafür einen Holzklotz, der so groß ist, daß er nach der Halbierung und halbrund ausgesägt, Raum für den Mast bietet. Außen muß er dabei genügend Platz zum Anbringen der Lampenhalterung haben. Mit zwei langen Bolzen und zwei Flügelschrauben kann diese Halterung in jeder gewünschten Höhe am Mast befestigt werden.

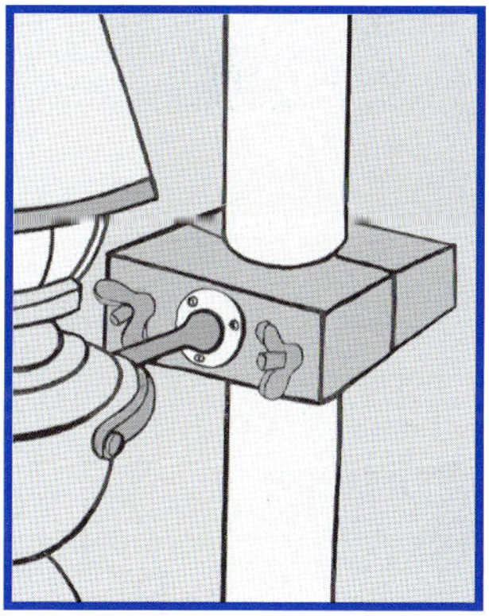

Wandlampe

Manchmal wünschen sich Eigner eine Petroleumlampe, die an unterschiedlichen Plätzen instaliert werden kann. Eine einfache, abnehmbare Wandhalterung an ein Brett montiert, macht es möglich. Dort, wo man die Lampe benötigt, werden Knebelhalterungen angebracht. Geachtet werden muß allerdings darauf, daß über der Lampe genügend freier Raum vorhanden ist, da die Luft über der Lampe sehr stark erhitzt.

RUND UMS RIGG

Das Rigg ist der Motor jedes Segelbootes. Es besteht zwar nicht aus so vielen Teilen wie eine Maschine, aber Mast, Fallen, Strecker und was sonst noch dazugehört, müssen in ihrer Gesamtheit beherrscht werden. Dafür gibt es Tips, die nicht in den angestammten Lehrbüchern stehen, die aber den Seglern das Leben an Bord erleichtern.

Klapperstop

Wenn Fallen von außen gegen den Mast schlagen, müssen sie weggebunden werden. Zum Beispiel in die kleine Kunststoffklampe, die auf die nach achtern zeigende Seite der Saling geschraubt wird. Sie sollte ungefähr in der Mitte ihren Platz haben. Die Fallen werden einfach hinter diese Klampe geführt und dann dichtgeholt. Jetzt ist das Fall so weit vom Mast weggespannt, daß es nicht mehr klappern kann.

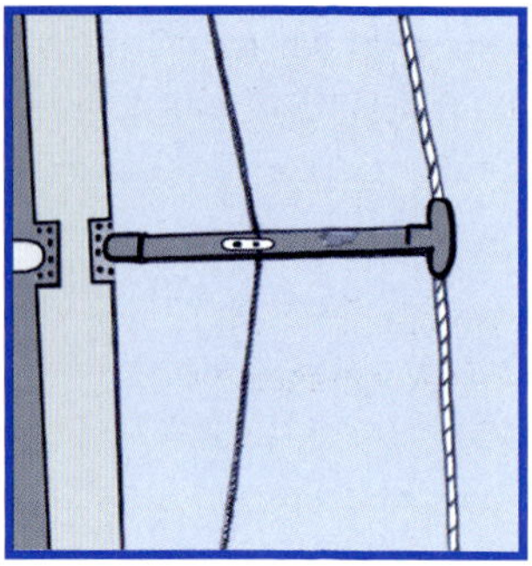

Wenn Fallen und vor allen Dingen Drahtvorläufer im Alumast klappern, sinnt jeder Segler nach Abhilfe. Das ist

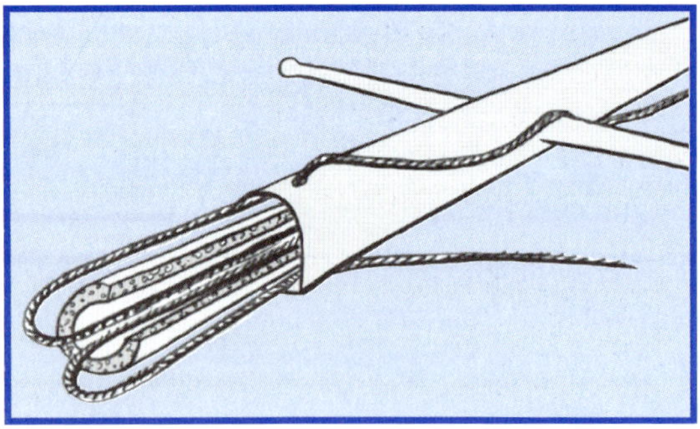

allerdings eine Arbeit für das Winterlager, denn der Mast muß gelegt sein, und es müssen Topp- und Fußbeschlag abgebaut werden. Dem Klappern wird mit Isolierschläuchen der Kampf angesagt, die eigentlich als Frostschutz für Wasserleitungen gedacht sind. Sie gibt es auch im Baumarkt und sind ein gutes Dämpfungsmaterial. Die etwa einen Meter langen Isolierschläuche können an einer Naht auseinandergeklappt werden. In sie hinein legt man die in großen Buchten weit aus dem Mast herausgezogenen Fallen und schiebt sie dann zusammen mit dem Isolierschlauch in den Mast. In der Regel können die Schlauchstücke nur bis zur Saling eingeführt werden. Wer ganz sicher gehen will, daß es keine Klappergeräusche mehr gibt, schiebt auch noch Isolierschläuche vom Mastfuß aus in den Mast.

Ein kleiner Karabinerhaken in die Flaggleine geknüpft, hat sich ebenfalls bewährt, Fallen vom Mast wegzubinden. Das leicht dichtgeholte Fall am Mast wird vom Deck aus in den Haken geklemmt, und dann mit der Flaggleine hochgezogen. Wird die Flaggleine dichtgeholt, ist das Fall vom Mast weggebunden.

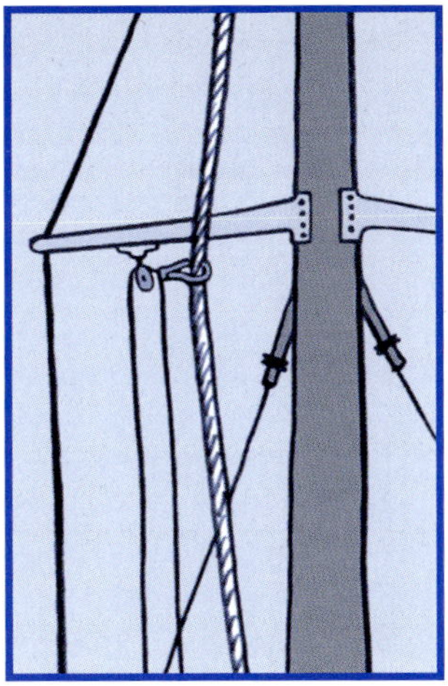

Dirk-Talje

Auch auf größeren Jachten werden Fallen und Strecker ins Cockpit geführt. Werftseitig sind die Boote so ausgerüstet, daß die Anzahl der Klemmen gerade einmal für die Standardausrüstung ausreicht. Rüstet man das Boot beispielsweise mit Baumniederholer und Toppnant für einen Spibaum nach, ist man froh, wenn beispielsweise Umlenkblock und Klemme der Dirk benutzt werden können. Die Dirk kann dann mit einem liegenden Umlenkblock und einer Curryklemme, die beide achtern am Großbaum angebracht wurden, bedient werden. Läuft die Dirk im Mast, gibt es viele Möglichkeiten, das andere Ende direkt am Mastaustritt zu befestigen.

·angdraht

Ein Tip für alle, die sich nicht gerne am Mast hochziehen lassen. Was können sie tun, wenn ein Fall ausgerauscht ist? Einige Segler haben sich für diese Fälle einen Fangdraht aus dünnem Wantenmaterial mit einem kleinen Auge gebastelt. Diese Schlinge wird mit der Dirk oder einem anderen Fall in den Mast gezogen. Vorher sichert man die Schlinge jedoch mit einer Sorgleine, die gleichzeitig zum Zuziehen der Schlinge dient. Mit Hilfe dieser Sorgleine kann das ausgerauschte Fall vom Deck aus wieder eingefangen werden.

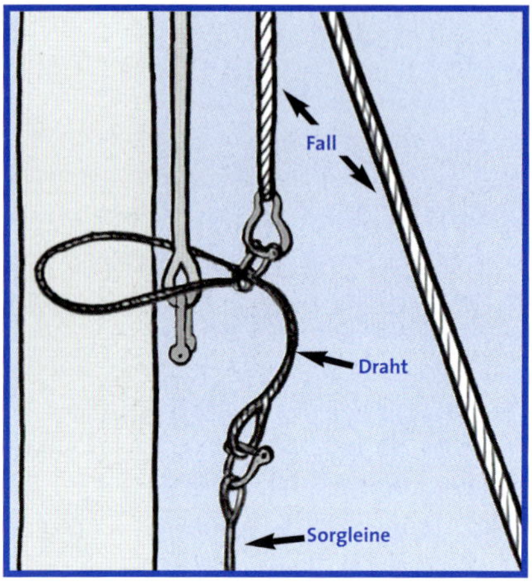

Maststufen

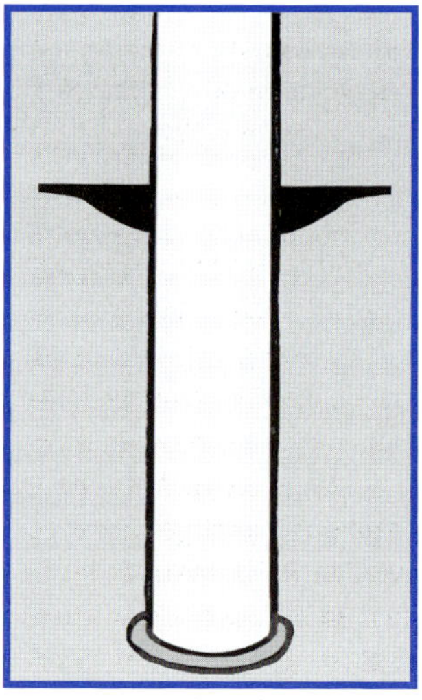

Je größer die Jacht ist, um so schwieriger wird es für Segler in Normalgröße das Kopfbrett des gefierten Großsegels zu erreichen, um beispielsweise das Großfall ein- oder auszuzuschäkeln. Mühsam ist es auch, die Segelpersenning anzubringen. Hilfreich: zwei Klappstufen, die es bei jedem Jachtausrüster gibt. Mit ihnen kann der Segler für diese Aufgaben wachsen.

Lazy-Jacks

Der Seemann Jack war vermutlich zu faul, das Groß auf den Baum zu binden, deshalb erfand er die vom Mast zum Großbaum laufenden Fangleinen, die "Lazy Jacks". Das Nachrüsten dieser auch für weniger faule Segler empfehlenswerten Bergeeinrichtung ist einfach und überhaupt nicht teuer. Man benötigt zwei Fenderösen, vier Plastikkauschen oder Ringe, zwei kleine Klampen und rund 30 Meter reckarme Leine von fünf Millimeter Durchmesser. Die Fenderösen werden in der Höhe beiderseitig am Mast angebracht, die es ermöglicht, die Hauptfangleine in etwa 45 Grad zum hinteren Drittel des Großbaumes zu führen. In diese Leine knotet man die beiden Kauschen in dem Abstand, daß die in sie geknoteten Leinen zum Baum das gefierte Segel halten. Alle drei Leinen werden in einer Leine unter dem Baum gebunden. Wer die Halteleine unter dem Baum achtern mit einem Schäkel befestigt, kann die Fangleinen schnell abnehmen,

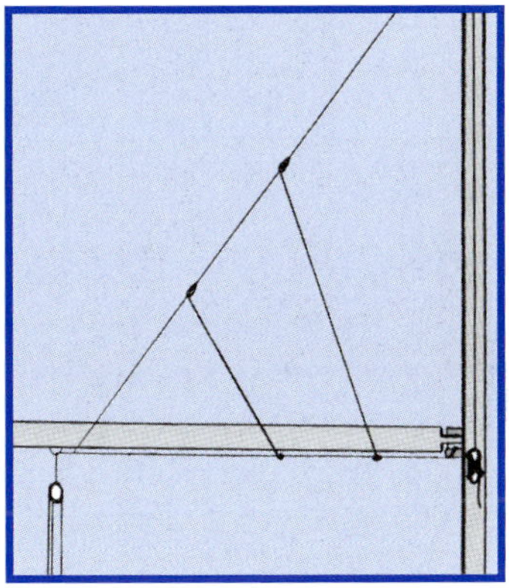

um beispielsweise die Baumpersenning aufzuziehen. Die beiden Klampen unten am Mast angebracht, werden zum Spannen der Lazy Jacks gebraucht. Dafür werden die Hauptleinen von den Fenderösen zum Deck geführt.

Backstagen

Leebackstagen schlagen auch bei wenig Wind hin und her.

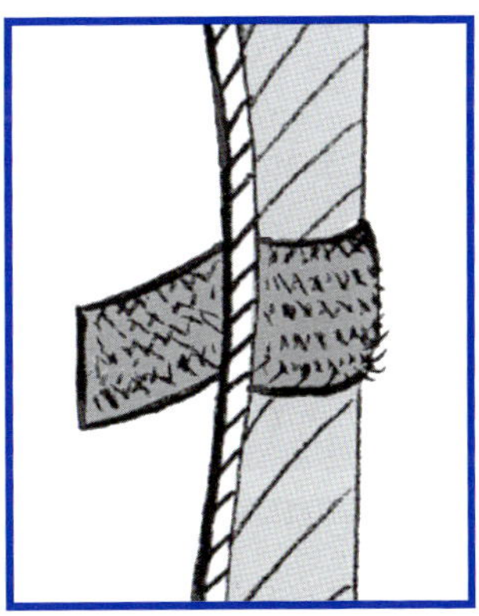

Es empfiehlt sich, sie deshalb wegzubinden. Eine ganz einfache Lösung sind Klettbandstreifen, die in etwa 1,50 Meter Höhe an den Oberwanten befestigt werden. Mit ihnen kann das Backstag fixiert werden. Bei der Wende lösen sich Backstagen schnell durch leichten Zug, denn das Klettband wird sich ohne großen Kraftaufwand öffnen lassen.

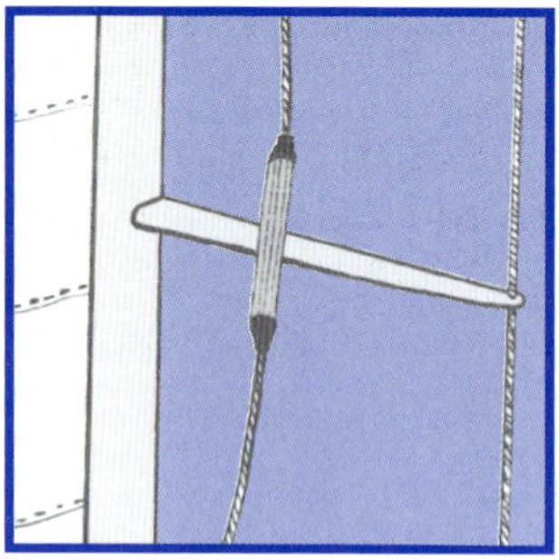

Lose Leebackstagen scheuern häufig gegen die Saling, was bei langen Schlägen nicht nur mit Geräuschen verbunden ist, sondern auch zu Materialermüdung führt. Ein Stück Kunststoffschlauch mit Tape an der richtigen Stelle befestigt, löst gleich beide Probleme.

Beleg-Auge

Für die Flaggleinen benötigt man häufig eine Befestigungsmöglichkeit am Want. Geschaffen werden kann sie beispielsweise durch eine Metallkausch, die mit Takelgarn am Want befestigt wird. Diese Kausch sollte nach achtern weisen, damit sie bei Hoch-am-Wind-Kursen nicht die Segel beschädigen kann.

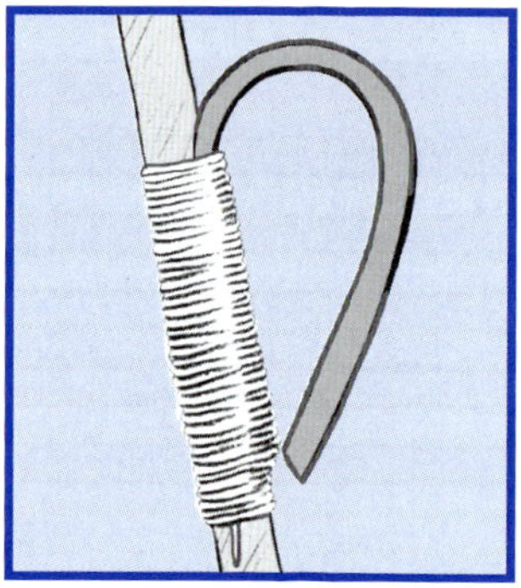

Wantenklampe

Eine selbstgebaute Belegklampe für Wanten besteht aus einer kleinen Plastik-

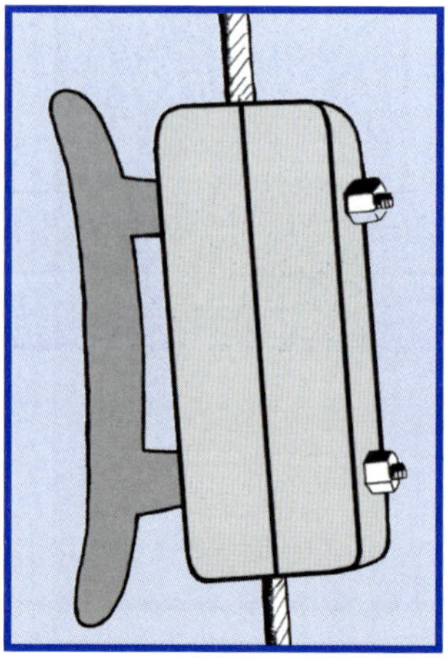

klampe, die mit ihren beiden Schrauben zwei Holzbrettchen zusammendrückt und so das Want eingeklemmt. Bevor man die Wantenklampe anbaut, klemmt man die Brettchen im Schraubstock zusammen und bohrt ein Bett für den Wantendraht. Das muß allerdings im Durchmesser kleiner als das Want selbst sein, damit die Klemmfunktion erhalten bleibt.

Spibaum

An Deck verstaute Spibäume sind Stolperfallen und am Mast hochgeklappt wirken sie störend auf die Anströmkante. Kein Wunder, daß Segler eine Alternative suchen. Regattasegler machen es in diesem Fall vor. Auf vielen Rennjachten wird der Spibaum in Ruhestellung am Großbaum gefahren. Das funktioniert immer dann, wenn der Großbaum länger als der Spibaum ist. Gehalten wird der Spibaum auf beiden Seiten durch angeschraubte oder angenietete Aluminium- oder Edelstahlbügel – diese Baumhalterungen gibt es beim Jachtausrüster.

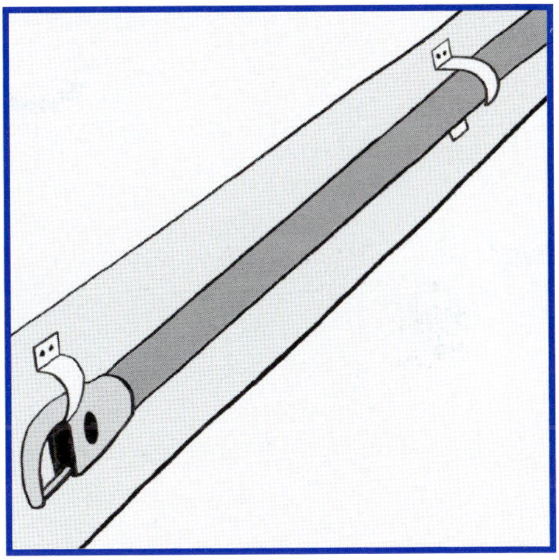

Setzhilfe

Beim Spinnakersetzen wird der Baum durch Toppnant und Niederholer in seiner Position gehalten. Beide müssen am Baum angeschlagen werden, und befinden sich oben und unten am Spibaum auf gleicher Höhe. Findige Segler haben diese räumliche Nähe beider Leinen für eine einfachere Handhabung beim Baum setzen genutzt: Sie verbinden die Leinen mit einem Gummistropp. Setzen und auch Bergen des Spibaumes geht so schneller von der Hand.

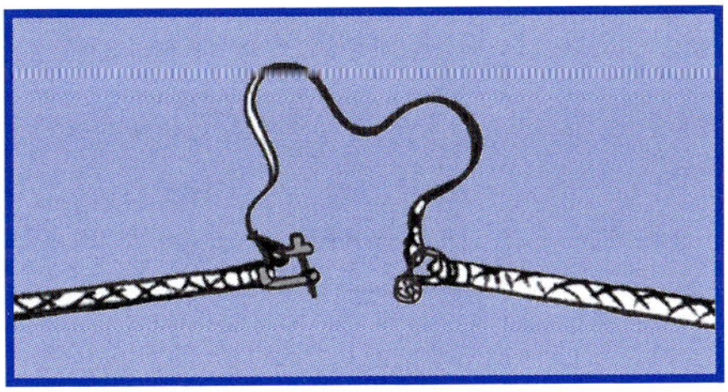

Liebe Segler,

wie Sie jetzt selbst feststellen konnten, bietet das Buch eine geballte Ladung von Hilfestellungen. Kennen auch Sie Tipps und Tricks für Segler, die Sie vielleicht nicht in diesem Buch gefunden haben?

Wir bereiten demnächst einen dritten Band *) von „Seglers Trickkiste“ vor und machen Ihnen ein Angebot zur Mitarbeit. Jeder, der einen Tipp oder Trick mit Text und Zeichnung (oder Foto) an MareTeam schickt, bekommt als Dankeschön den nächsten Band von „Seglers Trickkiste“ kostenlos, wenn der Tipp im Buch veröffentlicht wurde (bei zwei gleichen Ideen entscheidet natürlich das Los).

Wir freuen uns auf Ihre Ideen.

Ihr
MareTeam

*) Band 2 von „Seglers Trickkiste“ ist bereits erschienen und unter der Nummer ISBN 3-934919-01-4 in jeder Buchhandlung zu erhalten oder direkt bei
MareTeam International
Schmalegger Straße 47
88213 Ravenburg
(EURO 12,45 zuzüglich Versand)